三戸政和

サラリーマンは300万円で小さな会社を買いなさい

人生100年時代の個人M&A入門

講談社＋α新書
プラスアルファ

はじめに

本書は、講談社が運営するネットメディア「**現代ビジネス**」で公開した「**60過ぎたら、退職金で会社を買いなさい**」「**世の中には500万円で買える会社がこんなにあった！**」と題する一連の記事が、500万PVを超えるという大反響を受け、さらに深掘りした内容を説明するために発刊されることとなりました。

ネット記事だけではお伝えできなかった、サラリーマンが中小企業を買うメリットと、どのような考え方をベースに買えばいいのかをお伝えしていきます。また、「とにかく社長になりたい！」という方からの反応も多かったのですが、ひと口に「社長」といってもいろいろありますので、どんな「社長」になればいいのかもお伝えしたいと思います。

まずは、自己紹介です。

私は、日本創生投資という、中小企業の**事業承継**《しょうけい》（会社の経営を後継者に引き継《つ》ぐこと）や、事業再生のタイミングにある会社を引き受ける投資ファンドを30億円で運用しています。一件あたり1億円から10億円ほどの金額で中小企業の事業を引き受け、経営改善などを行うことで企業価値の向上を目指します。また、新たなオーナーを見つけて譲渡することで、最終的に投資額を約2倍にすることを目指すビジネスです。つまり私は、投資家から預かった30億円の投資金額を、2倍の60億円くらいにする使命を負っています。

今回、私は、投資ファンドのビジネスの現場で実践しているノウハウを、みなさんと共有したいと思います。

なぜ大切なビジネスノウハウを広く開陳してしまうのか。それは、詳しくは第4章に書きましたが、現在日本が直面する大きな課題、中小企業100万社が廃業するといわれる「**大廃業時代**」への一つの解決策を提示したい、と考えたからです。

私個人の力では、この大きな社会問題を全面的に解決するためのマンパワーもリソースもまったく足りません。そこで、私たちが試行錯誤《しこうさくご》しながら生み出したノウハウそれ自体をみなさんに伝え、読者のみなさんにも「中小企業の経営」そのものを担っていただくことで、日本の貴重な資産である中小企業とその技術などを承継できる環境を作り上げたいと思っています。

組織で自分の力を出し切れていないサラリーマンのみなさんに向けては新しいキャリアを、定年が見えてきたみなさんに向けては「**人生100年時代**」における定年後の新しい資産形成法の提案も含め、その実行支援になるヒントとノウハウをふんだんに詰め込みました。

本書が、日本のビジネスシーンを変える一助になれば、筆者としてこれに勝る喜びはありません。

２０１８年３月

三戸《みと》政和《まさかず》

◉目次

第1章　だから、起業はやめておきなさい

第2章　飲食店経営に手を出したら「地獄」が待っている

第3章　中小企業を個人買収せよ

第4章　100万の中小企業が後継社長を探している！

第5章　「大廃業時代」はサラリーマンの大チャンス

序　章　「人生１００年時代」は資本家になりなさい

本書を手に取った時点で合格!

本書は「**会社を買う**」ことをおすすめする本です。

これまで平凡なビジネスキャリアを歩んでいた人でも、これからお伝えする「会社を買う」ための知識と実際の行動で、「あちら側の人間（**資本家**）」になれる可能性が十分にあります。

実は、ビジネスマンには大きく2つのタイプしか存在しません。朝の満員の通勤電車に乗り、夜遅くまで働くなど、時間を切り売りしながら給与を得ている「こちら側の人間（雇われサラリーマン）」と、自由に休みが取れ、好きなことを好きなようにやっていても、お金がお金を生む「あちら側の人間（資本家）」です。

この違いは、どこから生まれるのでしょうか。

フォーブスジャパンが発表した「日本長者番付50」（2017年）のうち、20位までを見てみましょう。資産家トップ3に出てくる社長は、ソフトバンクの孫正義《そんまさよし》さん、ユニクロの柳井《やない》正《ただし》さん、サントリーの佐治信忠《さじのぶただ》さんの3人です。

左のリストを見て、少々意外な印象を受けないでしょうか。

企業名は知っているか聞いたことがあるとしても、日本のトップ企業がずらりと並んでいると

1位	孫正義	ソフトバンク	2兆2640億円
2位	柳井正	ファーストリテイリング	1兆8200億円
3位	佐治信忠	サントリーホールディングス	1兆4650億円
4位	滝崎武光	キーエンス	1兆3880億円
5位	三木谷浩史	楽天	6770億円
6位	高原慶一朗	ユニ・チャーム	5000億円
7位	森章	森トラスト	4880億円
8位	毒島秀行	SANKYO	4660億円
9位	伊藤雅俊	セブン＆アイ・ホールディングス	4100億円
10位	三木正浩	ABCマート	4050億円
11位	韓昌祐	マルハン	4000億円
12位	永守重信	日本電産	3890億円
13位	似鳥昭雄	ニトリ	3660億円
14位	前澤友作	スタートトゥデイ	3330億円
15位	重田康光	光通信	3310億円
16位	森佳子（森稔夫人）	森ビル	2890億円
17位	木下盛好 一家	アコム	2600億円
18位	岡田和生	ユニバーサルエンターテインメント	2440億円
19位	小林一俊・孝雄・正典	コーセー	2260億円
20位	大塚実・裕司	大塚商会	2150億円

いう感じではないからです。

ちなみに、日本の時価総額ランキング上位10社は次の通りです（２０１７年末時点）。

1位　トヨタ自動車
2位　三菱ＵＦＪフィナンシャル・グループ
3位　ＮＴＴ
4位　ＮＴＴドコモ
5位　ソフトバンク
6位　キーエンス
7位　ＪＴ
8位　ＫＤＤＩ
9位　ホンダ
10位　三井住友フィナンシャル・グループ

この10社の中で、社長が日本長者番付50にランクインしているのは、ソフトバンクとキーエンスの２社だけです。

賢明な読者の方は、先に挙げた20人の「大富豪」に一つの共通点があることに気づくでしょう。そう、それはこの大富豪たち全員が、創業者または創業家の家柄であり、オーナーまたは筆頭株主である、ということです。気になる方はフォーブスジャパンのサイトを見ていただきたいのですが、20位どころか50位まで全員、オーナー系社長だといえます。

一般の社員から出世してトップに上り詰めたり、外部から招聘《しょうへい》されたりした社長は、たとえ時価総額が巨大な企業の社長を務めていても、こうした長者番付に入ってくることはまずありません。なぜでしょうか。

個人の優秀さの差でも、社長を務めた企業の時価総額の差でもありません。**会社という「箱」**を持っているオーナー社長なのか、はたまた、結局はサラリーマンという雇われ社長なのかの相違に行き着きます。

上場企業のサラリーマン社長では、せいぜい数千万円から数億円の役員報酬をもらうだけで精一杯（もちろん、一般のサラリーマンに比べたら、これでもはるかに高額な報酬ですが）。しかも、任期は数年程度であることが一般的ですから、そこまで大きな資産を形成することはできません。

一方、オーナー社長であれば、役員報酬（労働の対価）に加えて、保有株式の配当（資産が生み出す収入）と、その株自体の資産価値が自分に帰属し、巨額の資産形成が可能になります。たとえば、孫正義さんがソフトバンクから得る年間報酬は1億3000万円ですが、保有する株式の配当収入は94億7900万円で、資産総額は2兆円だそうです。

株式上場するレベルに達した同じ規模の企業の「社長」としての仕事そのものは、やることも社内における重要度も、負担も、そこまで大きくは変わらないと思います。しかし、会社という「箱」を自分個人が所有しているかどうかで、〝実入り〟はまったく違ってきます。

今回、本書で行おうとしている提言は、現在はサラリーマンであるあなたでも、中小企業の社長になって経験と能力を生かして活躍しよう、会社という「箱」を所有して「資本家」(=あちら側の人間)になろう、というものにほかなりません。そして最後は、豊かな資産に恵まれた**資産家**を目指してもらいます。

あなたも0・14%の超富裕層に

日本では現在、純資産1億円以上5億円未満の「富裕層」が114万4000世帯あるそうです。これは全世帯の2・16%ですから、約50世帯に1世帯が該当します。しかし、純資産5億円以上を有する「超富裕層」は7万3000世帯しかなく、全世帯のわずか0・14%。実に714世帯に1世帯の割合です。

私が「あちら側の人間」とするのは、この「超富裕層」、または超富裕層予備軍のことです。

上手に会社を買い、5年から10年経営すれば、あなたも富裕層はもちろんのこと、さらにその上、超富裕層に到達できる可能性が大きく開けます。

現在はサラリーマンであるあなたが、5億円の純資産を築くというのは「夢物語」のように感じられるかもしれません。しかし実は、それほど特別なことではないのだと、本書を最後まで読み進めることでご納得いただけるかと思います。まして、1億円超の資産を持つ「富裕層」になるには、オーナー社長となればまったく難しいことではありません。

富裕層になりましょう、資産家になりましょう、そんなふうに言うと、やや前近代的な発想だと感じる人もいるかもしれません。今や、金銭的価値よりも「やりがい」や「自分の生き方」をいっそう重視する時代に突入しています。趣味を大切にしたい、やりたいことを仕事にしたい、というのが世の中のトレンド。私自身も、もちろんその方向を志向しています。

しかし、そもそもお金（資産）がなければ、人は生きていけません。まして、趣味に興じたり、生きがいに満ちた活動を十分に楽しむことができないのもまた事実です。

自分の好きな世界でひとかどの人物になり、一生涯を通じて満足できる。自分のやりたい事業を実現して成功する。そうして人生を最後まで謳歌《おうか》して死んでいけるというような人は、ほんの一握り。特別な才能や財産に恵まれた人に限られるでしょう。

私も含め、そうではない「普通」の人たちが、より自分の思い通りに生きやすくなり、かつ、そこまで大きなリスクを取らずに済むもう一つの方法として、「会社を買う」という戦略を提案したいのです。

サラリーマンは、たとえ社長に上り詰めたとしても、株主の意向に反して自分の好きなように経営することなどできません。しかし、雇われ社長ではなく、オーナー社長になったならば、生涯、楽しみながら暮らすのに十分な財産を蓄えることができるうえに、会社を、自分自身が仕事を楽しめるビジネスへと自ら導いていくことができる可能性が高まります。

そもそも、会社を買って社長になるのであれば、事業内容をよく見て会社を選択すれば、それだけでやりがいのある人生に近づくことができるようになります。

私は、日本をもっと元気にするためにも、社長に挑戦する方がどんどん増えて欲しいと願っています。そして、それが可能な力を秘めたサラリーマンがたくさんいることを知っています。

それよりなにより、なんといっても「お金が儲《もう》かる」というのは、単刀直入でとてもわかりやすい指標になります。そこで、本書ではあえて、この金銭的に「**豊かになる**」という指標を前面に出しながら「社長のすすめ」を語っていきたいと思います。

「箱」があれば利益は倍増

会社という「箱」を活用して豊かになる概念について、もう少しわかりやすく説明します。

「事業収益」と聞くと、あなたはいったいどんなものを思い浮かべるでしょうか。何かの製品を作ったり仕入れたりして、それを販売し、差額を利益として得ることを考えるかもしれません。しかしながら、それだけで「あちら側の人間」の収益レベルに追いつくのは至難、というかまず無理でしょう。

前述したように、孫正義さんでも労働の対価としての年間報酬が1億3000万円のところ、配当収入という資産が生み出す収入で年間約95億円を手にしています。孫さんの配当収入を労働収入で稼ごうと思えば、時給を475万円にしなければなりません（年間約95億円／法定労働時間2000時間で計算）。時間を切り売りしていては、どう転んでも無理ですね。

そこで、「箱」を持つという概念が重要になるのです。

たとえば、とても集客力があり、利益を上げることができるシェフがいたとします。その人はたしかに、料理を作ることでたくさんの売り上げをあげることができます。しかし、身体はひとつしかありません。そのままでは、いつまでも「労働対価×労働時間でいくら」という計算式から抜け出せません。レストランの雇われシェフであれば、月に50万円ももらえれば御《おん》の字《じ》、といったところでしょう。

ところが、ここで「ひと知恵」を加えると、稼ぐための景色がまったく変わってきます。たとえば、このシェフのように人（お客）を呼び込む力があるのなら、まずは人通りの少ない路地に自分の店を出すことを考えます。そして、繁盛店になる前に店舗周辺の土地を安く買い進めます。その後、レストランが大繁盛店になったとしたらどうでしょう。そこを中心に人が集まり、人通りが増えていくはずです。結果的に、やがては周辺の地価も上がっていきます。

そうなったとき、あらかじめ購入しておいた土地の所有者として、新規出店を目指す人にその土地を貸し出せば「不動産収益」を上げることができます。また、値上がりした土地を売却することで「不動産売却益（**キャピタルゲイン**）」を得ることもできます。

この場合、私の言う「箱」は、自身の店舗を含めた土地ということになりますが、人を集めることができる能力を持つ人は、人が集まる（売り上げがあがる）「箱」さえ持っていれば、それを貸したり売ったりすることで、同じ仕事をしていたとしても、いっそう大きな利益を上げることが可能になるのです。

具体的な例を挙げてみます。私の知人に食品の卸《おろし》事業をしている経営者がいます。知人はすでに事業家というより資本家になっていて、飲食業を開業したい人が開業資金を借りるために相談に訪れます。彼は、そういう人たちに出店費用を貸し、独立をサポートしています。

もちろん慈善事業ではありません。彼らを支援することで、知人は自分が取り扱っている食材を開業するレストランで使ってもらい、「事業収益」を得ています。また当然、貸し付けたお金の「金利」を得ることもできます。

ここまでなら誰でも思いつくでしょう。知人は、これに加え、自分が保有している商業ビルを出店先として紹介しています。そこに店舗を出してもらえれば、テナント料として「不動産収益」まで得ることができます。

結果として、食材購入費、貸付金利、家賃という形で、飲食店の売り上げの20％以上を「上納」してもらっているのです。上納というと聞こえが悪いですが、ウィン－ウィンの関係が成立していますから、知人も相手も満足できる事業としての取引です。

さらにすごいのは、こうしてビルのテナントが埋まり、稼働率が上がることで、知人が所有するビルそのものの価値が上昇するのです。単純にいえば、不動産としての売却価格が上がる、ということです。今度はそのビルを売ることで、大きな「不動産売却益（キャピタルゲイン）」まで得られるようになるのです。

このように出店費用の貸し付けに始まり、川上から川下まで押さえることで、お金がお金を創出する乗数効果を生むことができるのです。

こうしたスキームを考え出し、実現させていくのが「資本家」です。

会社を買って資本家になろう

ひとまずの説明としてわかりやすいので、飲食業や目に見える不動産という「箱」で説明しました。

しかし、会社という「箱」も、まさにこの概念にそのまま当てはまります。会社を買って、売り上げを作り、利益を創出し、会社という「箱」そのものの価値を上げていくことで、労働の対価としての給料だけを得ていたときとは比べものにならない額の利益を手にすることができるようになります。最後には、その会社そのものを売って「キャピタルゲイン」を手にすることも可能です。この辺りは、第5章で詳しく書きます。

このような資本家の考え方を事前に理解せず、株を持たないサラリーマンの「雇われ社長」になってしまうことはおすすめできません。結局は、株主やオーナーの支配の下でしか仕事ができませんし、遮二無二《しゃにむに》働いて会社という「箱」の価値を上げてしまえば、株価が大きく上昇し、そもそも株式を購入して「箱」そのものを買い取って資本家になり、最後は資産家になるというチャンスをも失ってしまうからです。

最初から資本家になるというイメージを持って働くのと、それを持たずに人に使われて一生を終えるのとでは、同じように働いていても、得られる生涯収入は指数関数的に変わってきます。

サラリーマンの生涯収入は、かつて3億円くらいといわれていました。しかし、最近では、年齢を重ねても一律に給与が増えるわけではありません。その結果、生涯収入は2億円ほどともいわれるように減ってきています。

一方、従業員300人以下の中小企業の社長は、年収が3000万円程度といわれます（労務行政研究所調べ）。社長の報酬は業況に左右されるので一概には言えませんが、労働の対価だけを見ても、中小企業で社長を7年もやればサラリーマンの生涯収入を超えることができます。また、これに加えて、会社を持つことにより税金対策が可能になるなど、さまざまな優遇措置が存在し、会社を経営することで圧倒的に資金繰《ぐ》りがよくなります。この辺りの事情については、詳しくは橘《たちばな》玲《あきら》さんの『貧乏はお金持ち――「雇われない生き方」で格差社会を逆転する』（講談社+α文庫）をお読みください。

さらに、中小企業という「箱」を持つことにより、引退のタイミングで会社を売却すれば、中小企業のM&A（会社の合併・買収）マーケットの相場では1億1000万円くらいの売却金額ですから、それまでの労働対価とは別に、株式の売却益による収入を得ることができるのです（売却金額は、「平成28年中小企業実態基本調査速報」にある、中小企業の平均経常利益1000万円の3年分〈本来は営業利益3年分〉に、平均純資産8300万円を加えたもの。この計算方法については、第4章で詳しく述べます）。

これまでの日本社会では、個人が中小企業を売買するという概念はあまりありませんでした。それは、学校を出たら会社に雇用されるサラリーマンになるのが当たり前、という日本の労働市場の特徴もあったと思います。

しかし、近年のM&A市場の拡大の流れで、中小企業の売買が当たり前の時代になってきました。今後は、サラリーマンのあなたが社長になることも、より一般的なことになっていくでしょう。

そこで一つアドバイスを。中小企業の売買の際、これまで「株式持分」をどのような構成にするのかということは、曖昧《あいまい》にされがちでした。しかし、会社を買って、売ることまでを考えるならば、最終的に自分自身で100%の株式を持つことが重要です。仮に100%の株式を買えないのであれば、どのような割合にするかを必ず専門家にも相談し、各種条件と合わせて適切な割合を持つようにしましょう。

この点はしっかり覚えておいてください。

資産ゼロで30億を動かす私の方法

さて、このような話をすると、「資本家というのはもともと資産があるから、それをうまく使って雪だるま式に資産を増やしている。元手のない自分には無理」と考える人もいるかもしれません。資本家＝資産家だという構図です。

もちろん、資産家が資本家となり、さらなる財を成す人が多くいることは否定しません。それはまさに、資産家が企業買収などによって資産を増やしていることの証明でもあります。

ただ私が伝えたいのは、資産家でなくてもそのような資産形成が可能である、ということです。資本家の全員が全員、資産家からスタートしたわけではありません。

ちなみに、私自身は現在、30億円の投資ファンドを運用しています。世の中的には「資本家」といえるでしょう。しかし「資産家」ではありません。実は、このファンド運用会社に自分が資金として拠出したのは「たった2万5０００円」だけ。私の会社は、投資家から託された資産を運用しており、その資産を増加させることで成功報酬を受け取ることができる、という建て付けになっています。

通常の投資ファンド運用会社の成功報酬は、投資して増加させることができた金額（キャピタルゲイン）の20％です。30億円を2倍にすれば、30億円のキャピタルゲインが生まれますから、単純計算で6億円稼ぐことができます。これを5〜6年で完了させます。年にならせば、およそ1億円の売り上げ（ほぼ粗利）が会社に入ることになります。当然、投資なので、うまくいけば……の話ですが。

また、30億円のファンド投資が終了すれば、同時期に次のファンドを組成することもできます。運用成績が良ければさらに資金が集まり、50億円、１００億円と、もっと大きな額のファンドを作ることができるようになります。そうすれば、年間数億〜十数億円の売り上げをあげることも可能になるでしょう。詳しくは第5章にゆずりますが、すでに回っている会社を買って売却することは、少ないリソースで資産形成が可能になる方法なのです。

当然、獲得した成功報酬はチームでシェアしていきますから、すべてが私個人に入るわけではありません。しかし、数人のメンバーでこのような収益を上げることができるのが、「**ファンドビジネス**」です。

「サラリーマンが会社を買う」というコンセプトに近いファンドの一つの形態として、米国に「**サーチファンド**」と呼ばれるものがあります。

これは、ＭＢＡを取得して戦略コンサルティング会社や投資会社で働いているような、若くて優秀な人材に向けて、買収候補となる会社を探す資金（３年分ほどの生活費や活動費など）を出資するファンド形態です。そして、買収候補先が見つかると、一緒に投資をしていきます。

優秀な人であれば、よい会社を見つけてきて、オーナーからうまく株式を買い取る交渉ができ、会社の価値自体も上げて売却することができるだろう、という前提で始まった新しい形態のファンドです。

米国のサーチファンドは、私たちのような専業の投資ファンドより高いパフォーマンスを上げています。それを実現できているのには、いくつか理由があります。

いちばん大きいのは、ファンドビジネスを専門にする（いくつかの投資先を持つ）のではなく、若く優秀な人が一つの会社のオーナー社長としてフルコミットする候補先を探す点にあります。そして、見つかった会社に対して、より強い想いを込めて投資したい旨《むね》をオーナーに告げることで、オーナー側も安心して譲渡しやすくなり、結果としてよりリーズナブルに買収できる可能性が高まる、というわけです。

事業承継は「ハート」が大事

第４章に詳しく書いていますが、中小企業の事業承継は、お金だけではありません。「そのあと誰がマネジメントしていくか」が売る側としての高い関心事です。

投資ファンドは、まだまだ世間からの誤解もあり、創業者が大切に生み育てた会社を無茶苦茶にされるかもしれない、というイメージで見られています。しかし、その事業に高い関心を持った優秀な若者が、純粋に「事業を引き継《つ》ぎたい」という想いを申し出たならば、その情熱に共感するオーナー社長が多いであろうことは想像に難《かた》くありません。

もちろん、会社経営に年齢は関係ありません。20代でも50代でも、その事業に高い関心と熱い情熱を持っている方なら、オーナーの心を摑《つか》むことができるでしょう。

たとえば、私が中小企業向けの投資ファンドを運用していることを聞きつけて相談に訪れ、仲良くなった20代の戦略コンサル出身者がいます。その方は、自分の好きなギター製造の会社を経営したいと考え、ギター製造で事業承継に困っている先を探し出し、今、具体的な交渉を始めています。こうした例がどんどん増えているのです。


実は、こうして玄人《くろうと》のように語っている私も、少し前まではソフトバンク・インベストメント（現SBIインベストメント）という会社のサラリーマンで、中小企業の経営には素人《しろうと》でした。

SBIの事業は、会社をまるごと買うのではなく、ベンチャー企業に部分的に（数％ほど）出資する投資スタイルで、いわゆる「**ベンチャーキャピタル**」（**VC**）です。

私は6年間ほどそこで働きましたが、当時の私たちの投資先に向けた仕事といえば、月に一回の役員会に出席するくらいで、会社経営にはほとんど関わりませんでした。今も大半のVCがそうだと思います。とくに大手の投資ファンドは分業が進んでおり、ファンド資金を集める部署や投資先を探してくる部署、投資先を管理し、売却まで持っていく部署など、それぞれ縦割りで行っています。

そのためかつての私は、投資ファンドの全体像もあまり詳しく理解していませんでした。さらには、ベンチャー投資の経験はあったものの、投資家が投資するに際し、いちばん重要視する、中小企業の投資に関しての**トラックレコード**（ファンド運用者の投資実績）もまったくありませんでした。

そんな私が独立して日本創生投資を立ち上げ、すぐに投資家から30億円の出資を集めることができたのはなぜでしょうか。

それは、サーチファンドの若者と似たような形で、自分が投資事業を作っていく能力を投資家に説明できたからだと思います。どのようにして投資家を口説《くど》くのかは、第5章に書いていますので、そちらを参考にしてください。

幸運の女神は行動する者に微笑む

本書のベースとなった「現代ビジネス」のネット記事は、思いもよらぬ反響があり、多数の出版社から、「記事の内容で本を出版しないか」と問い合わせがありました。そのくらい「**サラリーマンが会社を買う**」というコンセプトが斬新だったのでしょう。逆に言えば、世の中にまだまだ浸透していない考え方なのです。

実際に、中小企業のM&Aが活発に動き始めたのも、ここ5年から10年ほどの話です。ファンド業界に身を置いていても、こうした概念が公《おおやけ》になっているとはまだ思えません。

一方で、経営者の高齢化が進み、日本の中小企業の事業承継が大きな問題を迎える「**大廃業時代**」は、これから10年間がピークだと私は睨《にら》んでいます。それは、あなたがオーナー社長、資本家になるための有限のチャンス、ということでもあります。私があえて言うまでもないことですが、なにごとも、大きな動きの初期に動いた人が成功を手にするものです。

「仕事が落ち着いてから始めよう」とか、「周りにそんな経験のある人が増えてきたら自分も始めよう」という人は、この絶好の機会を捉えることができません。また、本を読んで、「サラリーマンの自分には、雲の上の話だ……」とぼんやり考えていても、何も始まりません。

前述したように、私ももともとはサラリーマンです。そこから、ほぼ資産を持っていないにもかかわらず、今は資本家になりました。そして、いずれ資産家になるでしょう。ですから断言します。みなさんも資本家になれます。

さらに言うなら、私たちがファンドとして投資先に送り込む社長は、大企業でサラリーマンをしていた人をヘッドハントしています。読者であるあなたがこのカテゴリーに入るなら、むしろ、あなたは私たちにとって「社長候補者」でもあります。

ただし、このケースは「サラリーマン社長」ですから、それで資産家になれるわけではありません（実際には、投資先企業へ送り込む経営陣をヘッドハントする場合は、ストックオプションや業績連動報酬など諸条件がありますが、細かいので本書では省略します）。

大きな企業でマネジメント経験を積み、充分な実務、経営能力があるあなたに足りないのは、「箱」だけ。それを手に入れれば、あなたも立派なオーナー社長の仲間入りです。

未来の資本家の武器は「リスク」

ただし一つだけ、サラリーマンとして普通に働いているだけでは手に入らない大事なものがあります。「覚悟」です。

サラリーマンだった私が会社を辞めるリスクを許容し、数十億円の投資ファンドを運用するプレッシャーを抵抗感なく受け入れ、資本家サイドに向かう糸を手繰《たぐ》り寄せることができたのはなぜでしょうか。それは、「成功するためにはリスクを取ることが当たり前だ」と思える環境にいたからです。

私は、ベンチャーキャピタリストとして多くの起業家を間近に見てきました。振り返ると、それは非常に幸運なことでした。起業家たちが、どんどんリスクを取って、その分より大きなリターンを得るさまを目《ま》の当《あ》たりにしているうちに、本当の意味でリスクとリターンの関係を理解することができたからです。

また、数年前には飲み代も出せなかった若者が、株式上場して、数百億円の資産を築いていく姿を目の前で見たこともありました。今は煌《きら》びやかな活躍をしている社長でも、かつて割り勘で一緒に飲んだり、私が奢《おご》ったりした人がたくさんいます。そうやって「あちら側」に替わっていく人たちと日常的に接する中で、「自分にもできるのではないか」と、いい意味で〝勘違い〟できたことも、私が普通より大きなスケールでものごとを捉えられるようになったポイントだと思います。

つまり、リスクを取れるかどうかです。実際に行動を起こせるか否かです。

今はＳＮＳで、起業家や経営者の考え方や行動を見ることができます。尊敬する経営者や、買いたいと思う候補先の会社の社長とTwitterやFacebookでつながるのも難しくありません。本気ならばメッセージを送り、直接会うことも可能です。「聞くは一時の恥、聞かぬは一生の恥」ということわざの通りです。

私も、２０１２年に兵庫県議会議員を務めていたとき、元アイ・エム・ジェイ（当時はジャスダック上場企業で、現在は戦略コンサルティング会社アクセンチュアの子会社）の代表で、神戸市長を目指していた樫野《かしの》孝人《たかひと》さんにFacebookのダイレクトメッセージを送ったことがあります。リクルート出身で、楽天の三木谷浩史さんとＴＳＵＴＡＹＡなどを経営するカルチュア・コンビニエンス・クラブ（ＣＣＣ）の取締役を務め、上場企業の社長まで経験された方でした。私は少しでも兵庫県を良くするため、樫野さんのようなキャリアの方に政令指定都市である神戸市の都市経営を担って欲しい、と考えたのです。

強引に会ってもらって応援したい旨を伝えると、なんだかんだで半年後には、樫野さんの神戸市長選挙の事務局長（裏方のトップ）として５００人ものボランティアさんを率いるハメ？（笑）になりました。

樫野さんとは、今でも深い交流が続いています。また、樫野さん経由で多くの方と出会い、幅広く交流をさせていただくことにもなりました。これらはすべて、ダイレクトメッセージでの

〝ナンパ〟から始まったのです。

「ゼロイチ起業」は必要ない

数多《あまた》の事業を作ってきたホリエモンこと堀江《ほりえ》貴文《たかふみ》さんは、**「堀江貴文イノベーション大学校（HIU）」**という会員制コミュニケーションラウンジを運営しています。会員になると、月額1万800円の会費を払うだけで、堀江さんやその周りにいる人たちに容易にアクセスすることができるようになります。実際に、その場に集《つど》ったメンバーが、堀江さんのアドバイスも受けながらいろいろな事業を立ち上げています。

社長を目指すなら、一度、会員になってみてもいいのではないでしょうか。月に1万円で「そんな環境」にアクセスできるのは激安です。

ただし、あなたが起業家に触れることは大賛成ですが、起業家そのものになるのはあまりおすすめできません。

第1章に詳しく書いていますが、起業というのは、あなたが思っているよりも超ハードモードです。成功する起業家は「特別な人」だと思って、エッセンスだけ盗むのが無難です。

あなたが仮に、会社でいちばん頑張って働く「モーレツ社員」だったとしても、起業家とはモーレツのレベルが違います。寝るのを忘れるくらいに好きなことを全力で楽しみながら、結果としてビジネスになっている起業家と、日々の会社の業務や役割のために「頑張ってしまっている」サラリーマンとは根本から次元が異なるからです。

まったくのゼロから事業を立ち上げ成功させる起業家を、私は「**ゼロイチ起業家**」と呼んでいます。そうした起業家は、「息を吸うかのように」とんでもない仕事をしています。ゼロイチ起業家は、「普通」の人間とは違う世界を生きています。新しい事業のチャンスを嗅《か》ぎ分《わ》ける嗅覚《きゅうかく》の鋭《するど》さも別格です。私も残念ながら、その感覚にはとうてい及びません。

だからといって、あきらめる必要はありません。

これまでは、「あちら側の人間」になるためには起業という選択肢しかなく、それには〝ゼロイチ〟で事業をおこす必要がありました。しかし、いまや、ゼロから会社を作る必要はありません。一般の人でも、すでにある程度の仕組みが回っている会社を買うことができる、つまり、「**個人M&A**」が可能な環境が整ってきているからです。

そんな時代だからこそ、また、黒字の優良中小企業の経営者の多くが高齢化し、後継者を探している今こそ、普通の感覚を持った人でも「あちら側の人間」を目指すことができるようになるのです。

リタイア後40年生きる現実

さて、ここからは、「**ライフプランニング**」の観点からも提言させてください。

ロンドン・ビジネススクールのリンダ・グラットン教授とアンドリュー・スコット教授の共著、『ライフ・シフト——100年時代の人生戦略』(東洋経済新報社)が、世界中に衝撃を与えました。

同書の中で紹介されている、米カリフォルニア大学バークレー校とドイツの学術機関マックス・プランク研究所の共同研究による将来の寿命予測によれば、2007年にアメリカ、イタリア、フランス、カナダなどの先進国で生まれた子供の半数が104歳まで生き、日本で生まれた子供の半数が107歳まで生きる、とされています。

また、現在20歳の人は100歳以上、現在40歳の人は95歳以上、現在60歳の人は90歳以上生きる確率が半分以上ある、というのです。

同書を読んでいない人は、「そんなわけはない」と思うかもしれません。国が発表している2015年の日本人の平均寿命(2015年生まれの人の平均余命)は、男性が80・79歳、女性が87・05歳です。男女の平均を84歳としても、107歳まで生きるとすれば、20年以上も開きがあるからです。

その理由は単純です。

『ライフ・シフト』で紹介されているデータは、これまでの人間の長寿命化の速度から予測される今後の長寿命化を計算に入れた「**コーホート平均寿命**」なのに対し、国が発表している平均寿命は、今後の長寿命化をいっさい計算に入れていない「**ピリオド平均寿命**」だからです。

先進国の平均寿命はこの２００年間ずっと、10年ごとに2〜3歳のペースでほぼ右肩上がりで一直線に延びてきており、いまだ減速する気配は見られないそうです。

健康に関する啓蒙《けいもう》キャンペーン、テクノロジーの進歩、病気の早期発見、治療法の向上などにより、人間の寿命はずっと延び続けてきました。このままのペースでいけば、今、20代30代の人の寿命は１００歳をゆうに超えてくるというのが、リンダ・グラットン教授らが明らかにした事実です。

しかし、国はなぜ、人間の長寿命化を無視し、寿命予測が20年ほども短く算出されるピリオド平均寿命を採用し、発表し続けてきたのでしょうか。それはおそらく、公表し認めることで、世の中がパニックになるのを恐れたからではないでしょうか。

今後起こりうるテクノロジーの進化やさまざまなイノベーションを無視し、ここで「長寿命化」傾向がピタリと止まると考えるほうが不自然だ、とグラットン教授らは指摘しています。私もそう思います。誰でも合理的に考えれば、それが理解できるはずです。

実際、私は今、30代半ばです。自分が子供だったころを思い返せば、当時30歳ぐらいの人は、現在の私よりもっと〝おじさん〟でした。40歳ぐらいの人は明らかにくたびれていて、60歳の人はすでに見るからに老人のようでした。70歳、80歳ともなれば腰は曲《ま》がり、耳も遠くて、ヨボヨボだったような記憶があります。おそらく、かつては60歳で定年退職するというのが「ちょうどよかった」時代があったのだと思います。


しかし、今は違います。

団塊の世代が定年退職し、その後の世代くらいからだと思いますが、明らかに変化が起きました。近年では、40〜50代でもかなりハードなスポーツをしたり、最新のスポットで遊んだり、異性と合コンをしたりするなどして、おしゃれで若々しい人がいっぱいいます。60歳になっても年齢を感じさせることなく、若者と同じようにバリバリ働けそうな感じの人がいくらでもいます。

以前、100歳を超えた双子のきんさん、ぎんさんが国民的アイドルといっていいほど人気になったことがありました。それは当時、100歳超で元気な高齢者に希少価値があったからでしょう。ところが今、100歳以上の人は全国で6万7000人もいるそうです。

明らかなのは、私たちは、上の世代を見て想定していたよりはるかに長生きする可能性が高い、ということです。

平均寿命はあくまで、がんや心筋梗塞《しんきんこうそく》、脳卒中などの急性の病気や事故で亡くなる人も含めての平均値です。つまり、大病や怪我をしなければ、１００歳を超えることのほうが当たり前になるのです。

私たちはこうした現実から目を背《そむ》けず、自分の認識を改めなくてはいけません。「人生80年」と思っていたのに、実際は、誰もが１００歳以上生きるかもしれません。それはつまり、「リタイア後の生活が長期化する」ということです。定年退職後の余命を20年と見積もっていたものを、２倍の40年に見積もり直さなくてはならないのです。

下流老人化を避ける方法とは

さて、ここで思います。60歳または65歳で引退して、私たちの老後は本当に大丈夫なのでしょうか？

国が何とかしてくれるだろう、と思っているのだとしたら大甘です。私たちの世代の平均寿命が本当に20年延びるかどうかは、未来のことですから断言はできません。それでも、わかっていることがあります。それは、私たちの未来においては、国の社会保障制度も、企業の制度も、確実に縮小しているということです。年金支給額が減り、退職金も期待できず、医療費や税負担が増えていくことは明白です。

そんな中で、60歳で引退して数千万円程度の貯金を持って、「悠々自適《ゆうゆうじてき》なセカンドライフを」などと呑気《のんき》なことは言っていられないと、私は思います。

私は、若いうちは一生懸命働いて充実した生活を送っていたにもかかわらず、引退後、急に節約一辺倒の生活になるようなことはしたくありません。趣味も持たず、旅行にも行けず、生活を切り詰めて年金だけで細々と暮らす……そんな〝**下流老人**〟になりたくありません。それなりの生活レベルを維持したい。そのためには、年金にプラスして夫婦で月々20万円ほどは必要だと考えています。

貯金を切り崩して年金以外の月々20万円を賄《まかな》おうとすれば、40年間で9600万円必要です。そのほかに、病気や怪我、子供、孫のイベントなど、何にどれだけお金がかかるかわかりません。

さらに怖いのは、自分になんらかの健康上の問題が起きて、介護が必要になったときです。

低料金で入れる公的な老人ホームである特別養護老人ホームは今、全国で40万人が入居待ちだといわれています。早くて数ヵ月、長くて10年待ちだそうです。入る前に死んでしまうかもしれません。

相部屋が基本で、入居者に対して介護士の人数の比率が小さく、手厚いケアは望めないそうです。もうすぐ団塊の世代が後期高齢者に入ってくるので、入居希望者数が一気に増えるのは間違いなく、もっと入りにくくなるでしょうし、ケアの水準も低下するでしょう。

民間の有料老人ホームには、いろいろな特色のある施設があります。中でも入居者に対して介護士の人数の比率が高く、手厚いケアをしてもらえるホームになると、入居時に数千万円もの費用がかかります。老後の自分がどうなるかまったくわかりませんが、私は、自分の生活は最後まで自分で良い選択ができるようにしたいと思うのです。

そう考えると、引退後、そこから始まる40年もの長い老後を〝**老後破産**〟することなく、家族にひもじい思いをさせることもなく、豊かで楽しく生きるためには、60歳から年金にプラスして1億円ほどは必要だと思います。

みなさんは、どうお考えでしょうか。

引退年齢70〜80歳時代の社長戦略

前掲書『ライフ・シフト』には、人生100年時代を生きるための方法として、現役時代を延ばすしかない、と書かれています。これからは、「教育→仕事→引退」という3つのライフステージのうち、2番目の「仕事」のステージが長くなり、引退年齢が70～80歳になるだろうということです。

しかし現実には、今、日本のほとんどの企業がそんな年齢まで雇ってはくれません。退職後再雇用制度を利用しても、たいていは65歳までです。

大企業勤めの人で、役員になり、天下りで関連会社の社長になり、60代後半から70歳ぐらいまで勤めることができれば、引退を延長することができます。毎年の報酬と2度の退職金をもらえて、60歳以降に1億円以上を得ることができるでしょう。

しかしそれが叶《かな》わなかった場合、65歳から新たな就職先を探しても、よほど特殊な技能や資格を持たない限り、社員としての求人はほとんどないのが実情です。最近、シニア可の年齢不問の仕事も増えているようですが、ほとんどが時給のアルバイトです。稼げません。


では、60代で定年退職になることがわかっていながら、老後資産が十分ではない人はどうしたらいいのでしょうか。

もしあなたが、大企業や中堅企業で課長程度の中間管理職を経験した、あるいはこれからするのであれば、いい選択肢があります。

もうおわかりですね。自分の経験と専門知識を生かせる中小企業を見つけ、個人でM&Aをして、経営を引き継ぐこと……つまり、「会社を買う」のです。

本章で見てきたように、

①自分のキャリアを生かす
②資本家になることで、労働の対価では得られない金銭的メリットを享受《きょうじゅ》する
③人生１００年時代の老後不安から自由になる

この３つを同時に実現する方法こそ、会社を買って社長になること、なのです。

それでは、縁《えん》もゆかりもない個人が、どのようにして会社を買ったらいいのでしょうか。そもそも、そんなボードゲームのようなことが可能なのでしょうか。

じつは、現代において会社を買うことは、まったく難しいことではありません。次章からは、そのために考えておくべきことと、手順についてお話ししていきます。

第1章　だから、起業はやめておきなさい

起業は、会社を作ることではない

序章では「会社を買う」ことをおすすめしました。ゼロイチ起業の難しさにも触れました。しかし、ここが十分に伝わらないもどかしさを感じています。

「会社を作りたいんだよね」とか「独立したいんだよね」と安易に口にする人がいて、「何をするの?」と聞けば、「それはまだ、いろいろ考えているんだけど……」と言いよどむことがよくあります。私は、その人が友達ならば、断じて言います。「あなたは絶対に会社を作ってはいけない」と。

2006年に法律が改正され、1円起業ができるようになったり、学生ベンチャーがもてはやされるようにもなりました。また、「スタートアップ」という格好いい呼び名が浸透したこともあり、社会も知らない学生でも成功できるんだから、ビジネスを経験した俺なら起業できる、とでもいうような風潮がそこかしこで見受けられます。

どうも世間では、「起業」が軽く見られているように思えてなりません。

起業とは、会社を作ることではありません。事業を作ることです。会社を作ることは誰でもできます。ネットで「会社　作り方」と検索し、その通りに手続きするだけです。しかし、今すでにあるサービスや商品を自らの手で販売していくだけでも大変なのに、まして、世にないサービスや商品を創造し、市場に浸透させていくベンチャービジネスを軌道に乗せるのは、並大抵のことではありません。この点を誤解しないでいただきたいのです。

設立した瞬間から出血が始まる

会社というものは、設立した瞬間から〝出血〟が始まります。出血とはもちろん、お金の支出のこと。まるで、動脈にナイフを突き立てたかのように、どんどん出て行きます。家賃、光熱費、交通費や宿泊費など、自分で払うとなると「バカにならない金額」であることにすぐ気づくでしょう。サラリーマンであれば当然支給されていた費用を自分で払ったとき、その重みを感じます。自分で会社を始めると、タクシーなんて恐ろしくて乗れません。そして、もっとも重いのが人件費です。誰かを一人雇った瞬間に、毎月数十万円という経費が出て行きます。数人雇えば、手持ちの1000万円ぐらいは、あっという間に消えます。

そして、甘く考えがちなのは自分自身の人件費です。「一年ぐらい収入がなくても生活できる程度のお金は持っている」と言って起業する人がいます。甘すぎます。では、一年経っても収入がなかったらどうなるのでしょうか。一文無しです。文字通り、食べることができなくなるのです。

起業した後になにより重要なことは、とにかく早く売り上げをあげて、小さくてもいいので早急に事業を回すことです。そうして収入を得て、走り出すことです。これができないと何も始まりません。

事業が回り出したら、銀行もお金を貸してくれます。将来的に大きく拡大する期待が持てる事業であれば、個人投資家やベンチャーキャピタルが投資してくれるかもしれません。

起業後に事業を少しでも早く回すには、やはり事前の準備が重要です。「これならば絶対に売れる」という自信のある商品を練り込み、作った瞬間に絶対に買ってくれるという顧客のリストを整え、協力会社が必要であれば見積もりと確約を取りつけます。そして、必要な人材を確保し、資金を用意し、希望的観測ではなく、「これならば確実に行ける」という計画を立て、固い収支計画を作ります（もちろん自分の給料もそこに入っていること）。そのうえで、プランに穴がないか、思い込みがないかと何度も精査したうえで、もう会社を作らないと始められない……という最後の最後の段階で、登記をして「会社を作る」のです。

それでも、大多数の人が失敗します。それが起業です。独立して数年やって、再度サラリーマンに戻っていく人はたくさんいます。

ベンチャーキャピタルで1000社以上の投資検討をしてきた私は、死屍累々《ししるいるい》のベンチャー企業を見てきました。ですから、「起業はやめなさい」と、声を大にして言いたいのです。

法律が変わる2006年以前は、株式会社を登記するためには資本金1000万円以上が必要でした。有限会社を登記するにも資本金300万円以上が必要でした。かつてこの制約があったのは、「最低でもその程度の資金がなくては、会社というものは回らない」という意味も含まれていたのです。

私のロンドン起業「失敗記」

私は知り合いに頼まれて、イギリス・ロンドンで神戸ビーフのプロモーション会社の立ち上げを行ったことがあります。自分でお金と最初の事業アイデアを出したわけではなく、欧州展開を進める会社の立ち上げミッションに関わったという立場で、やや〝バーチャルな〟起業体験でしたが、やはり、ゼロから事業（会社）を作ることの苦しみを味わいました。

起業する際は、会社を設立し、事業を行ううえでどのようなルールや法律が存在しているか調べるところから始まります。どのような認証を得て、どう定款《ていかん》を作って会社登記をすればいいのか、また、どのように業務オペレーションを組み立て、それを回すために、どのような人員構成が必要なのか、労働関連法令を考えたうえでの採用はどうすればいいのかなどを事前に考えて、後々の業務がスムーズに進むか、しっかり勉強し、よりよい形で会社を作っていくことが必要です。

当時の私は、貿易や食品卸《おろし》に関しては素人でしたから、起業以前に、事業そのものについてまったくのゼロから調べ、学ぶ必要に迫られました。また、日本のビジネスのルールはわかっていたものの、海外のルールは日本のそれとは違います。ロンドンの商工会議所に行き、弁護士などを紹介してもらって、こちらの面でもイチから勉強し直しです。

私たちの事業は和牛の輸入販売です。当然ながら、イギリスの側に立って、日本から和牛を輸入するための環境を整える必要があります。私は通関業者を総当たりし、もっとも良いであろう業者を探しました。

次に、冷蔵倉庫を作るために倉庫会社を探しました。倉庫の管理は、人を雇用して自社で行うのか、それともアウトソーシングするのかを決めなければなりません。

その次は物流です。

日本からイギリスまでの国際輸送、輸入通関から倉庫まで運ぶ拠点間輸送、倉庫から店舗に運ぶ配達について、それぞれ業者を選定して契約を交わしていきます。そのためには、店舗への輸送法、時間帯や運ぶ場所、決済方法などを取り決め、その過程で出てくるレストランのさまざまな要求に対しても、きめ細かく対応していく必要があります。イギリスには日本のクロネコヤマトや佐川急便のように、時間通りにきっちり届けてくれる配達業者はありませんので、その面でも細かな条件交渉をしなければなりませんでした。

要するに、事業を作るため、肉の販売先を見つけるだけでなく、事業を行うためのインフラから何から、すべてを自分たちで整えていかなくてはいけなかったのです。縦割りのサラリーマン組織であれば、自分が行う事業のインフラはすでに整っているため、それを〝当たり前〟に感じている人が多く、起業の最初からつまずく人が結構いるのです。

インフラ作りでいい感じに話が進んだからといって、簡単に取引先を信用してはいけません。私が、ロンドンで契約した倉庫業者は、最初は調子がよかったものの、途中から契約で定められた検品作業をしなくなり、1年間で契約解消の決断をせざるをえなくなりました。

実は、私たちはその業者の倉庫の中に500万円ほどのお金をかけて冷蔵倉庫を作っていました。しかし持ち運べるような設備ではないため、そのまま置いていくことになって、大きな損失になりました。

また、日本からイギリスへ冷蔵輸送されているはずの和牛が、温度設定のミスですべて冷凍になって運ばれてきたこともありました。牛肉は凍《こお》ってしまうと品質が落ち、高級な和牛としては売り物にならなくなります。このひとつのミスで約５００万円のマイナス……。

こうした様々なリスクをヘッジするために保険を掛けておくべきでしたが、恥ずかしながら、そういう方法を初心者の私たちは知りませんでした。

結果的には、事業立ち上げの依頼者が相応の資金を持っていたため、これらのトラブルはなんとか乗り切ることができました。しかし、これが脱サラで始めた私個人の会社だったとしたら、どうでしょう。立ち上げの段階で１０００万円もの資金が飛べば、一発でアウト。倒産やむなしだったでしょう。

サラリーマンはゼロを知らない

起業して自分で事業を作ることは、ゼロからイチを生み出し、ようやくイチができたものを10まで自分で育てていくことです。それができる人は、本当に一握りです。天才であり、ある意味、変人です。でも、このことに気づいている人はあまりいません。

一方、サラリーマンの中間管理職のほとんどは、１００の規模の事業組織の中で、その一部分を管理し、それが10なら、10のまま維持することを仕事にしてきたといえます。そのうえで、理想的には10を11にし、11を12にして全体をさらに大きくすることに寄与《きよ》する。あるいは逆に、10

を５へとダウンサイジングしたり、リストラのため５をゼロにするケースもあるかもしれません。

いずれにせよ、簡単にいえば、「まったくゼロから新しいものを創出する」という経験がないのが、サラリーマンです。

「いや、私は新規事業を立ち上げたことがある！」

というあなた。それは素晴らしい経験だと思います。

でも、それは会社に守られ、ヒト、モノ、カネというすでに存在する会社の資産と、会社がこれまでに積み上げた信用やネットワークを土台にしてのものであるはずです。

新規事業といっても、それら有形無形の資産をベースに、サラリーマンとして雇われ、一社員として業務を遂行《すいこう》しているにすぎず、本当の意味でゼロからイチへの立ち上げを経験している人はほとんどいないのが実情です。

一度経験してみればわかりますが、会社のバックアップもなくゼロから起業すると地獄を見ます。

土台が何もないところからビジネスプランを練り、自分でお金を用意し、不動産を借りて会社を登記し、売り上げが立っていないのに将来のプランだけで銀行と交渉してお金を借り、まったく実績もない状態で営業をし、販売ルートを作り、外部に発注し、人を雇い、製品やサービスを完成させ、販売を開始しなければなりません。そこで売り上げがあがり、事業が回転を始めて、ようやくできるのが「イチ」です。

しかも、事業が軌道に乗り、安定するまでには、いくつもの高い山が立ちはだかります。

大手企業の新規事業の担当になった場合、その時点でたいていイチはできているか、できるであろうことが目に見えています。それどころか、10までは順調に進みます。大企業には、そこまでの力があるからです。

逆にいえば、2~3年でそこまで進むことが明確でなければ、社内決裁が下りず、絶対に手を出しません。

ですから、大きな会社の社員の立場で立ち上げから参画したとしても、ゼロからの起業に比べればはるかに容易です。関連企業も協力企業も取引先企業もしっかりあって、さまざまな助力を得ることも可能です。

また、新規事業といっても、会社の本業に隣接する事業展開として実施するのが普通でしょう。たとえば、建設会社が不動産関連事業を始める、卸事業をしてきた会社が同じ商品で小売事業を始める、といったように、水平方向や垂直方向に事業を展開します。それは、顧客や競合他社など市場がよく見えていて、商品、ブランド、テクノロジー、ネットワーク、設備など、蓄積してきた資産を活用することができるからです。

もし、そうした目論見《もくろみ》がないにもかかわらず、関連性のまったくない新規事業を始めるとしたらどうでしょう。たとえば、地方の建設会社が「儲《もう》かっているから」と、突然畑違いの芸能事務所を東京で始めることを考えたとしたら？　その社長はよほど愚《おろ》かなのか、あるいは余った利益で道楽をしているかのどちらかでしょう。間違いなく事業としては失敗します。

1000社中997社が討ち死に

事業として、ゼロからイチに立ち上げるのは、死ぬほどたいへんな作業です。その多くがイチに辿《たど》りつく前に、力尽きて死んでしまいます。

ベンチャーキャピタル（VC）の業界にも、「千三つ《せんみ》」という言葉は当てはまります。文字通り、1000社のベンチャーに投資検討して、そのうち投資が実行され、さらには上場できるまでになるのは3社程度しかない、といわれます。つまり、新たに起業する会社のうち、大きく成功するのはわずか0・3％ということです。

そんな馬鹿な――と思うかもしれません。しかし、ほぼ事実です。

VCには、有象無象の投資案件が持ち込まれます。一日に2件持ち込まれるとして、月に40～50件程度。そのうち、投資実行に至るのは1件くらいです。年間で12社に投資したとして、そのうち2〜3社が上場か、うまく買収されれば大成功ですから、成功確率は0・3％程度です。

Google Venturesのアナリストのデータでは、VCから投資した起業家が成功する確率を15％としていますから、投資実行の確率が2％とすると、2％×成功確率15％＝0・3％ですから、あながち間違っていないと思います。VCへ資金調達にこない会社は、世の中にもっとありますから、起業で成功する確率計算はさらに低くなるでしょう。

ベンチャー企業の社長がベンチャーキャピタルに出資を頼みに来るとき、それは、起業家が会社を立ち上げ、社員数が10人に届かないくらいの規模である状態が多いといえます。資金的には非常に苦しい段階です。そこにVCが1億円ぐらいの資金を入れることで、人を10人ほど増やして経営活動を加速し、一気にスケールアップすることができます。

ただし、それが必ずしもうまくいくわけではありません。売り上げがあがったとしても、予測通りには伸びず、収支はマイナスのまま、じわじわとその1億円を使い果たしてしまう日が迫ってきます。仕方なくリストラをしていき、最後は社長一人だけになる。そこで社長一人が食べていけるぐらいの売り上げだけは残り、細々と仕事を続けていく……そんなケースを、たくさん見てきました。

もちろんそのあと、本当にダメになってしまう会社もたくさんあります。はっきりいえば、1

億円を投資して成長する企業よりも、寂《さび》しい結末を迎える会社のほうが多いのです。

米国のＶＣである「up-west LABS」の Gil Ben-Artzy 氏のデータによれば、投資した会社の50％は、投資金額以下の価値となり、35％が2倍弱となり、2倍以上の投資回収ができるのは15％しかないとあります。つまり、百戦錬磨のＶＣが目利《めき》きをした企業でも、半分はマイナスなのです。こうした情報は表に出ませんから、普通の人が気づかないだけで、実はうまくいかない会社のほうがマジョリティなのです。

ベンチャーキャピタルは博打だ

ベンチャービジネスは、まったく新しい市場、新しい技術に挑戦していきます。それまで世の中にないものを創造していくわけですから、見込んだ売り上げが本当に立つのか、サービスとして成立するのか、「未来」を予想するしかありません。

「世の中でＡという商品が今１００億円売れているから、Ａよりも性能がよいＢという商品を、Ａよりも2割安く売り出せば市場の半分は奪えるはずだ」――といった計算ができる世界ではありません。売り出す商品、またその市場は、その時点ではまだ存在しておらず、過去の実績に基づく需要予測が成り立たないケースが大半です。

もちろん、ベンチャー企業の事業計画書には、市場規模や売り上げ予測など、さまざまな数字が並んでいます。しかし、市場規模が1兆円になるのか、100億円になるのか、1000万円にしかならないのか、売ってみないと本当のところは誰にもわかりません。

私がいたベンチャーキャピタルでも、投資成功実績は「15%ぐらいでよし」とされていました。「投資成功」とは、投資した会社が5年ぐらいの間に株式上場するか、高く売却できることです。私の経験値としても、ベンチャーキャピタルが投資した企業が10社あるとしたら、およそ4社が鳴かず飛ばずのまま社長に株を買い戻してもらうか他者に売却して資金を回収することになり、およそ4社が倒産します。

それでも、上場する企業があれば投資額は数十倍にもなって回収できます。1社が上場すればトントン、2社が上場すれば大成功、という世界なのです。確率論だけでいえば、ほとんど博打《ばくち》のようなものです。つまり、1億円を投資しても8割から9割が成功できない。それが起業の現実です。

しかもその会社は、素人が無鉄砲に起業した会社ではありません。私たちのように投資を専門にしている会社が目をつけ、展開される事業領域の市場動向や、それらを実行するチームメンバー、技術などを検証し、財務や法務なども、入念にデューデリジェンス（審査）を行い、社長と何度も面接を行い、隅々まで調べ上げたうえで出資を決定した「期待できる会社」です。それでもほとんどの会社が成功できません。

それぐらい、ゼロからの起業を安定させるのは難しいのです。

もちろん、私たちが見逃してしまう会社も、私たちに出資を求めなかった会社もありますので、単純に言い切ることはできませんが、「千三つ」という言葉は、決して誇張でもなんでもなく、ベンチャーキャピタルの現場感覚に近いものだということは間違いなく断言できます。

ゼロイチ起業は選ばれた人のもの

私は、事業が大成功して有名人になり、メディアの寵児《ちょうじ》にまつりあげられるような社長を見てきた一方で、目を輝かせて私たちに事業計画を説明し、会社の未来と夢を語り意気揚々として自信に満ち溢《あふ》れていたはずが、事業が計画通りに進まず、徐々に元気を失い、数年のうちについにはビジネスの表舞台から去っていってしまう社長も数多く見てきました。

ベンチャーキャピタリストという職業は、そうした人の世の諸行無常《しょぎょうむじょう》というものに日常的に接する職業なのです。

一見したところ華やかな業界だと思われがちですが、マイナスの状態に陥《おちい》った案件を手仕舞《てじま》う作業は辛いものです。ゼロイチ起業に挫折《ざせつ》した社長たちの表情は忘れられません。

それでも、私たちの投資がなければ、成功に至ることができなかった会社は多数あります。そうした新しい成功企業が世の中に羽ばたいていくことを励《はげ》みに仕事を続けてきました。

私は本心では、強い思いを持ってゼロイチ起業にチャレンジし、新しい事業を生み出そうとする人がどんどん出てきて欲しいと思っています。ベンチャーキャピタルから資金調達し、投資して、さらなる挑戦をして欲しいと願っています。

ただし、ゼロイチ起業には「向き不向き」があります。その能力や準備がない人に、無謀な挑戦をして欲しくはありません。できることなら、すべての人にその能力に見合った舞台で成功し、活躍して欲しいというのが本心です。


くり返しますが、ゼロイチ起業に成功できるのは選ばれた一握りの人だけです。最近でこそ「**連続起業家**」（**シリアルアントレプレナー**：新しい会社を次々立ち上げる起業家）という人が出てきましたが、ほとんどの人が起業の初心者。成功でも、失敗でも、起業経験のある人は限られます。まして、「起業して事業を軌道に乗せたのち、売却したことがある」とか、「会社を起業したがうまくいかずに清算した経験がある。そして再び起業にチャレンジする」という連続起業家は、かなり少ないでしょう。

今、本書を読まれている方も、ほとんどがゼロイチ起業初心者だと思います。私がベンチャーキャピタルで投資してきた社長たちでさえ、大半が初心者でした。

何もないところから新しい事業を生み出し、成長させていくというプロセスは、たとえ30年間会社勤めをして幾多の経験があるというような人でも、初めての体験の連続です。思いもよらない困難が次々と襲いかかります。生半可《なまはんか》な経験や体力や知性や人間力や勤勉さでは、とても太刀《たち》打《う》ちできません。

本書の執筆を進めていた2017年12月、ベンチャー業界の人間が一堂に会する「Infinity Ventures Summit 2017 Fall Kanazawa」（IVS）で、10年前に27歳の若さで上場し、当時時価総額1200億円をつけたドリコム代表取締役社長の内藤裕紀《ないとうゆうき》さんが、自身の起業体験をプレゼンテーションしていました。

上場までこぎつけたものの、そののち赤字に転落。キャピタルゲイン数億円を事業につぎ込まざるを得なくなり、2年後には預金残高が30万円になった——という壮絶な話でした。しかも、その後は、神経の病気にかかって動けなくなり、呼吸困難になるような状態だったというのです。それでも「事業がしたい」という気概で立ち直り、今では健康を取り戻し、業績も回復しています。

「創業者、経営者に必要なものは、飽《あ》くなき事業への情熱、再起を図《はか》れる軍資金、そして健康な体。この3つと思っている。そして人生何が起こるかわからないので、何が起きても楽しむというのが大事だと思う」とのことでした。

内藤さんのことをよく知る私には、この言葉が心に刺さりました。

実は内藤さんとは、トライアスロンチームで一緒なのですが、彼はアイアンマンレース（スイム3・8キロ、バイク180キロ、ラン42・195キロ）を練習なしで走り切るド根性の持ち主です。やはり起業家は、人並み外れた打たれ強さ、やり抜く心、無限の意欲など、常人を超越した強靱《きょうじん》な精神力が必要なのだと思い知らされます。

堀江貴文というゼロイチ起業家

ゼロイチ起業家で思いつくのは、なんといっても堀江貴文さんです。

堀江さんが大学時代の1996年に起業した、ライブドアの前身であるオン・ザ・エッヂは、当時では最先端のウェブシステム開発を行っていました。日本初のウェブクレジットカード決済のシステム実装や、小室哲哉《こむろてつや》さんの100万人規模の人数が一日でアクセスする世界トップレベルのウェブエンターテインメントシステムの実装を行うなど、その技術力の高さで顧客を増やすことで収益を上げ、それをもとにポータルサイトの買収や数々の自社事業を立ち上げ、2000年に上場。その後、事業規模を急速に拡大していきました。

2004年に大阪近鉄バファローズを買収しようとしたり、2005年にはフジテレビジョン

（以下フジテレビ）の親会社だったニッポン放送を買収しようとしたりするなど、〝仰天ニュース〟で次々と世間を賑《にぎ》わせ、その舌鋒《ぜっぽう》の鋭《するど》さと強烈なキャラクターで賛否両論を巻き起こしながら、人気者、時代の寵児になっていきました。

そんな飛ぶ鳥を落とす勢いだった堀江さんの報道の中で、私には忘れられないシーンがあります。ライブドアがニッポン放送の株を買い集めて筆頭株主になり、フジテレビの経営権を握ろうとしていたときのことです。

あるテレビ討論会に、経営コンサルタントとして当時、大前研一《おおまえけんいち》さんと並んで有名だったドリームインキュベータの堀紘一《ほりこういち》さんと堀江さんが参加していました。堀さんは堀江さんに対してとても批判的で、「君みたいな若いやつが、フジテレビの経営なんてできるか」といったことを吐《は》き捨《す》てるように言いました。

当時、堀江さんは30歳そこそこの若者です。そのときの私には、堀さんの言っていることが正論に聞こえました。それに対して堀江さんは、なんと、

「できますよ。何を言ってるんですか。僕はもう10年、社長をやっているんですよ」

と言い返したのです。

ベンチャーキャピタルに入社する直前の私には、堀江さんの言っていることがピンと来ませんでした。「この人、何を言っているんだろう。自分で作ったネット企業の社長を10年やったぐら

いで、大企業の社長が務まるわけがない」と、当時は単純に思ったものです。

でも、今ならその意味がわかります。堀江さんは、起業した会社のオーナー社長として、ゼロからイチへ、イチから10へと事業を成長させ、そして当時まさに10から１００へと成長させている最中でした。堀江さんはああいう性格なので苦労を口にすることなどありませんが、余人には計り知れない困難があったと思います。そのプロセスにおいて、堀江さんはマネジメントで経験することのほぼすべてを体験していたのです。

経営者としてそれほどの経験値を持つ人は、もちろん当時のフジテレビの中には一人もいなかったでしょうし、現在でも、世の中を見渡しても数えるほどしかいないでしょう。

当時フジテレビ会長だった日枝久《ひえだひさし》さんにしても、初めから規模１００の組織に入って昇格したサラリーマンです。優秀な人材ばかりのフジテレビの中で成果を出し、上司に認められ、昇格し、会長に上り詰めました。それはそれですごいことですが、堀江さんのゼロイチ起業家、経営者としての経験とは根本から次元が異なるのです。

おそらく、ご自身もオーナー社長として独立し、ベンチャーのコンサルをしていた堀さんはそのことをわかっていたはずです。ただ、ボストンコンサルティングで大企業のコンサルをしてきた経験豊富な堀さんには、古い体質の大企業を経営する難しさがわかっていて、堀江さんに対し

「組織論が違う」ということを言ったのかもしれません。

その1年後、堀江さんは証券取引法違反容疑で逮捕され、実刑判決を受けて収監されることになりました。

堀江さんは、今でも精力的にさまざまな事業を創り出しながら、事業家として活躍されています。歴史にｉｆはありませんが、もし堀江さんがフジテレビを率いていたとしたら、その後のフジテレビはどうなったでしょうか。ネット世界の拡張、また、昨今のフジテレビの視聴率の低迷を見るにつけ、堀江さんが経営するテレビ会社の姿を見てみたかったと思えてなりません。

孫正義でさえ起業は得意ではない

起業家・事業家という観点では、稀代《きたい》の経営者で、日本一の富豪としても知られるソフトバンクの孫正義さんも気になるところです。孫さんは、いったいどのような人だといえるでしょうか。起業家としても優れているのでしょうか。

じつは今、ソフトバンクが主力としている事業で、孫さんが自分でゼロから起こしたものはごく限られます。彼は、若いころは自動翻訳機を発明したり、コンピュータの卸売事業などを立ち上げましたが、あるころから、ベンチャー企業に出資したり、買収したりするなど既存のビジネスに投資する方向にシフトし、事業を経営して成長させることで巨万の富を得てきたのです。

孫さんは堀江さんとは少しスタンスが違います。スタートアップの会社を買収するか、ジョイントベンチャーでお金を出し合いながら事業を作り、１－10ないしは10－１００にしていく経営が大得意だといえます。純粋な起業家ではなく、純粋な投資家でもない。投資と事業の両方に長《た》けているのが、孫さんの成功の秘密です。

そんな孫さんの投資スタイルは、目をつけた業界の会社をごっそりと買うというものです。伝説的に語り継がれているのは、１９９０年代、「これからはインターネットの時代だ」と考えた孫さんが、アメリカのコンピュータの展示会そのものを買収し、またコンピュータ雑誌の出版社を買収したことでしょう。当時は誰もその価値を正確に認識していませんでしたが、今風にいえば、まず情報のプラットフォームをごっそり買って、そこからヤフーをはじめとした有望なベンチャーを見つけ、投資していったと捉えることができます。孫さんはあの当時から、こうした事業スタイルを実現していたのです。

孫さんは、なにより「時代のキーワードを読む」ことに長けています。今の言葉でいえば、「**バズワード**」と言ってもいいかもしれません。当時は「インターネット」、今なら「**フィンテック**（FinTech）」「**ＩｏＴ**（Internet of Things）」「**ＡＩ**（人工知能）」などでしょう。

まったく誰も予想していない未来を読むわけではありませんし、超シードテクノロジー（シードとは「種」を意味し、シードテクノロジーとは、ビジネスになるかどうかがわからないが、将来に大きなビジネスを生む可能性のある技術のこと）を発掘するわけでもありません。「これから確実に来るであろう」と考えられる、時代のキーワードに当てはまる領域を選んで広く投資をするのです。10年単位で動く経済や社会の大きな動き、すなわちマクロ経済を見ているといえるでしょう。

マクロで成長する業界に投資をすれば、仮に10社のうち半分がなくなっても、数社が何十倍何百倍に成長することで、大きな利益をもたらしてくれます。そう考えると、孫さんは起業家ではなく、究極のベンチャーキャピタリストに近い存在なのです。

ここでいいたいのは、あの孫正義さんでさえ、ゼロイチで成功するのは難しいと考えているし、ゼロイチで絶対に成功する企業を見抜くこともできない、という事実です。孫さんも自分でそれがわかっているから、広く浅くポートフォリオ（資産の組み合わせ）を分散して投資するようにしていると私は考えます。つまり、その事業が成功するのかどうか、事業の最先端にいる孫さんですら確たるものが摑《つか》みにくいのですから、普通の人に簡単にわかるはずがありません。

日本に起業家が少ない理由

起業は、一度経験すれば、成功しようと失敗しようとものすごい経営スキルが身につきます。

2回、3回と繰り返せば、どんどん強い経営者になります。

世界には一度成功を収めたのち、その会社を手放してまた新たな事業を始める「連続起業家(シリアルアントレプレナー)」がたくさんいますが、日本にはあまりいません。たいていは自分の作った会社に居続けるか、売却して富を得たら投資家になったり、隠居したりしてしまいます。

また、一度起業に失敗し、そこから立ち直って再び起業に挑む人も、世界にはたくさんいますが、日本ではレアケースです。世界では起業がうまくいかず倒産させた人は、経験者としてポジティブにみなされますが、日本では非常にネガティブに考えられます。蜘蛛《くも》の子を散《ち》らすように周囲から人が去っていき、冷たい目で見られます。

たくさんの失敗経験をもとにした2回目の起業は、成功の可能性がぐっと上がるはずなのですが、日本では、再起をしようにもその業界では相手にされません。銀行も融資をしてくれません。周りの環境が起業のハードルを相当上げてしまっているのです。

いずれにせよ、起業家として成功するためには、どんな苦難があってもへこたれない強靭な(ぶっ飛んだ)精神力や強烈な運も持っていなければいけません。ゼロイチ起業家になり、成功するのは、このようにとてつもなく困難なことなのです。

第２章　飲食店経営に手を出したら「地獄」が待っている

飲食店経営の悲惨な末路

私はしばしば、会社を退職した後に飲食店経営の夢を抱く人に出会います。しかし、断言しましょう。それも絶対に止めたほうがいい。

飲食業の経験のない人が、「コーヒーが好き」「ジャズが好き」「酒が好き」「料理が好き」など趣味の延長で、喫茶店や居酒屋、バーなどを始めるのはおすすめしません。失敗して財産をすべて失うどころか、借金を背負って、悲惨な末路を迎えることになる可能性がきわめて高いからです。

知人から聞いた、飲食店起業の怖さがよくわかるエピソードがあります。

Aさんは、都市近郊にある農産物直売所の運営会社社長でした。週末には、２００台くらい入る駐車場が満車になって、渋滞ができるほど人気の直売所です。

人気の理由の一つは、品種の豊富さにありました。

たとえば茄子《なす》一つとっても、長茄子、米茄子、白茄子、人気のイタリア茄子などさまざまな品種が揃《そろ》っています。ほうれんそうなども、季節になれば、味も形も葉の厚さも、さまざまな種類が売られています。

私は、キャベツは世の中に1種類しかないと思っていましたが、「サカタのタネ」のカタログを見ると30品種ぐらいあるのですね。この農産物直売所の契約農家さんは、どの野菜も、そうした多品種の中から自分で選んで栽培し、出荷しているそうです。

直売所には、ほかにもロマネスコ、エンダイブ、コールラビ、ビーツ、トレビス、ルッコラ、コリアンダー、ルバーブなど珍しい西洋野菜が売られていました。また、万願寺とうがらし、金時にんじん、京みず菜、くわいといった京野菜など、スーパーや八百屋では手に入らない珍しい野菜も人気でした。

土作りからして手間のかけ方が違います。有機堆肥、鶏糞《けいふん》、馬糞などを使ったり、牡蠣殻《かきがら》や塩を撒《ま》いたりもしていました。契約農家の方は熟成の仕方から、ハウス栽培や水耕栽培といったさまざまな栽培法も駆使《くし》しながら、試行錯誤《しこうさくご》し、より美味しい野菜を追求して直売所に出荷しています。

そんな素晴らしい直売所をゼロから作り上げたのが、Aさんでした。

農産物直売所は、15年ほど前、農村の真ん中に建てられた公共施設の中にできました。地域の十数名の農家が共同出資して株式会社を設立し、直売所を運営することになったのです。そこで社長になったのが、当時まだ30代後半だったAさんです。

当時から高級デパートに野菜を納品するなどしていたAさんは、若手生産者のリーダー的存在でした。研究熱心で、野菜作りでは右に出る者がいないほどの腕前です。

直売所の社長の仕事をこなしながら、Aさんは生産者の一人として農業を続けました。日の出とともに農作業を始め、一段落したら直売所に出勤。直売所をオープンさせ、さまざまな仕事を終わらせ、合間に抜けてまた農作業を行います。

周囲からの信望が厚く、頼まれたら断れない性格のAさんは、農業委員会の役員や地域振興プロジェクトのリーダーなども兼務していました。

こだわりのパン屋が転落の始まり

やがて、50代になったAさん。少しずつ引退後のことを考えるようになりました。直売所の運営会社は共同出資です。Aさんも株の一部を持っているとはいえ、オーナー会社ではありません。そもそも、Aさんは自らなりたくて社長になったわけではなく、いつまでも続ける気持ちはありませんでした。

そんなAさんは、「60歳で引退する」と宣言し、社内で60歳定年退職ルールを作ります。

そして、自身の引退後のことを考えて、Aさんは米粉を使ったパン屋さんを経営したいと考えるようになりました。忙しい仕事の合間を縫《ぬ》って、パン教室に通い始めます。研究熱心なうえに、器用で料理も好きだったＡさんは、短期間でパン作りの技術を習得しました。

いよいよ現実的な目標になるにあたって、Ａさんが金融機関に相談すると、担当者は乗り気になって積極的に融資提案をしてくるようになりました。

「どうせなら単なるパン屋さんじゃなく、地元食材の加工施設にしましょう。地域農業を振興するための施設を作るという枠組みを使えば、助成金が使えます。そして、条件のいい融資を受けることができますよ」

つまり、うまくやれば低い金利で、高額な融資を受けられるということでした。

農産物直売所からもそれなりの報酬を得ており、農家としても立派な売り上げを立てていたＡさんの信用力は非常に高く、金融機関の担当者からすれば上客でした。担当者は当然、借りられるだけ借りてもらったほうが自分の成績にもなる、とソロバンをはじいていたはずです。

まんまと乗せられてしまったＡさん。パン屋を開業するにあたり、大きな２階建ての建物を新築することにしました。

１階には大型オーブンを備えたパン工房と店舗、それとは別に、高額融資の条件であった地元食材の加工のための厨房を設けました。さらに将来、カフェをオープンする可能性も考えられるからと、２階に飲食スペースとキッチン、広いウッドデッキも備えつけました。

こうして、Aさんは初めての飲食店経営であるにもかかわらず、新築で、3ヵ所も厨房がある立派な店舗を構えることになったのです。もちろん、厨房機器はすべてピカピカの新品です。振り返れば、ここがAさんにとって「**地獄**」の始まりでした。

ふつうは、初期費用を抑えようと考えるものです。たとえば、それまでも飲食店だったお店を居抜きで借り、厨房設備もなるべく中古のものを購入し、内装と外装をリフォームして開店する……といった具合です。

こうしたやり方なら、1000万円程度の予算があればなんとかなったはずです。そのうち500万円を自己資金で用意し、500万円を銀行から借り入れるくらいがスタンダードなところでしょうか。

ところがAさんは、開業資金として、助成金のほかに金融機関から3000万円以上の借り入れを行いました。かなりの自己資金も投じたはずです。

初めてであるにもかかわらず、こんな高額の借り入れを行うなんて考えられません。そもそも金融機関の融資審査が通らないはずです。しかし、農業振興のための特別な融資制度を使うことで、本来ありえないはずの審査が通ってしまいました。

飲食店の運命を左右する「立地」

もう一つ、Ａさんの失敗がありました。一般的にパン屋を開業する際は、当初はオーナー夫妻などが自分たちでパン作りと販売を行います。その後、売り上げの伸びに応じて手が足りなくなった部分をアルバイトでカバーするというのが、飲食店で独立する際の基本的なやり方でしょう。

ところが３ヵ所に厨房を設けたＡさん。それだけ人手が必要になるにもかかわらず、そもそも自分には直売所と農業の仕事があり、また、奥様は別の仕事をしていたため、初めから人に頼るほかありませんでした。

そこで、パン教室で知り合った若者を店長として雇用しました。そのほか1人を見習い職人としてフルタイムで雇用し、店舗のオープン時間には女性スタッフを常時２人、雇用しました。

こうして借入金の返済に加え、スタートからたちまち多額の人件費が必要になってしまいました。

３０００万円を金融機関から最大7年の返済で借り入れていたようですから、利子を含んだ月々の返済額はざっと40万円以上、雇い入れた４人分の人件費で月に80万円。ここに光熱費等の支払いを加え、月々140万円程度の支払いがあった計算になります。25日の営業日で割ると、一日の固定費（支払額）は5万6000円。

そこに、パンを作った場合の原材料費がかかってきます。原価率30％と想定し、一個200円のパンを何個売ればペイできるか──。答えは400個です。

これは、オーナーの報酬をゼロと見積もっての損益分岐点です。Aさんはほかに収入があったためこれでも成り立たせることができましたが、本来はオーナーの報酬も想定に入れて計算しなければなりません。

しかも、400個という販売見込み数も、毎日133人のお客さんが訪れ、それぞれパンを3個ずつ買ってくれてようやく辿《たど》り着く数字です。簡単ではありません。

結果として、開業後のAさんのパン屋の売り上げは、この数字に遠く及ばないものでした。

なぜAさんは、過剰とも思える投資をしたのでしょうか。知人によれば、「ライバル」の存在があったのではないか、ということでした。Aさんのパン屋から10キロほど離れた場所にある、大人気の有名なパン屋です。営業時間中は常にレジに長蛇《ちょうだ》の列ができ、多数のパン職人と店舗スタッフが生き生きと働いていました。Aさんにとっては、ベンチマークとなる大きな目標だったはずです。

パン屋の経営は初めてでしたが、Aさんには勝算がありました。Aさんのお店が提供するパンは、こだわりの厳選した小麦粉を使い、とても風味豊かな本格的なパンです。絶妙な配合で米粉を加え、もっちりしていてとても美味しいと評判でした。また、Aさんが自分で育てた旬の野菜やフルーツを使った惣菜パンは、目標にした人気店のパンにけっして引けを取らないクオリティ。私の知人は、東京の青山か六本木辺りに出店しても人気が出るほどのレベルだった、と言っていました。

ところが、Aさんのパン屋にはひとつ大きな問題がありました。「**立地**」です。

ライバルの人気店は、主要道路沿いにありました。週末にはたくさんの車が行き交い、見晴らしもいい一本道。ドライバーは遠くからでも看板に気づき、次々ハンドルを切って入っていきます。60台分以上ある駐車場は、週末も平日も、いつもいっぱいでした。

それに対し、Aさんの店は車通りの少ない農道沿いにありました。しかもカーブの内側にあり、近づかないと店舗の建物が見えません。なぜか看板は小さく、道路を走っていてもその存在に気づきにくく、駐車場も6台分ほどしかありませんでした。

道路の先には住宅街があるものの、歩くにはかなり遠い。「どうしてこんなところにパン屋さんが？」と不思議に思うほどだったのです。

美味しいものさえ作れば、お客さんは必ず買いに来てくれる——。

それは、Ａさんが農産物直売所で実践し、大きな成功を収めたところから生まれた経営哲学、信念のようなものでした。しかし残念ながら、飲食店には、Ａさんの経営者としての経験はまったく通用しませんでした。

ある飲食店経営者の自死

パン屋の経営は、いつまで経ってもいっこうに上向きません。いつしかＡさんは、農産物直売所の運営と農作業に加え、日が明ける前の早朝にパンの仕込みまでするようになっていました。少しでも人件費を削減しようと思ったのでしょう。

朝４時にパン工房に行って仕込みをし、それから畑に行って農作業をし、その後、直売所で夜７時ごろまで働きます。さまざまな会合に出席し、それから再びパン屋に戻って、レジを締めたり、翌日の準備を行ったりします。あまりのハードワークで、睡眠時間は毎日３〜４時間確保するのが精一杯というありさま。

Ａさんは、しだいに弱音を吐くようになりました。「毎月１００万円も赤字だよ。参っちゃうよ」と、こぼしていたそうです。

そんなAさんが突然、自死を選んだのは、パン屋のオープンから半年後のことでした。

彼はなぜ、お店を閉めるという選択をしなかったのでしょうか。人気の農産物直売所一本に立ち戻って、やり直すことはできなかったのでしょうか。真相はわかりませんが、本当に残念でなりません。

断言します。引退後に飲食店を経営して成功できるのは、飲食業界にいて必要な経営スキルを身につけている方だけです。ノウハウのない人が安易に手を出すと「地獄」を見ます。

飲食店経営はレッドオーシャン

私は、ベンチャーキャピタリストとして１０００以上のビジネスモデルを見てきました。同時に、自分自身も事業のゼロからの立ち上げを経験し、飲食業も含めさまざまな投資案件を見極めてきたつもりです。

この経験から強く感じるのは、飲食業は「基本的には勝てないビジネスモデル」だということです。

開業しやすそうに見えるのか、普段足を運ぶカフェなどが楽に回っているように見えてしまうためか、飲食店経営を軽く考えている人があまりにも多いと感じます。ベンチャーキャピタリストの目で見れば、飲食店はもっとも難しいビジネスの一つです。

立地の選定、資金繰《ぐ》り、店舗作り、商品企画、仕入れ、原価管理、製造管理、採用、人事管理、マーケティングなどなど、飲食店には経営学のあらゆる要素がすべて詰まっています。それでいて、店舗は固定されて動かすことはできず、食中毒や食い逃げなどのリスク要因は多く、利益率は非常に低い。とてもとても素人《しろうと》が安易に始めて成功できるような事業ではありません。

あなたがこれまで培《つちか》ってきた知識と経験をほぼそのまま生かすことができ、ほかに比べて明確な優位性があり、最初から多数の顧客がついていて、初年度から黒字が確実であるのなら、飲食店を始めてもいいかもしれません。しかし、このうちどれか一つでも当てはまらないのならば、悪いことは言いません、やめるに越したことはありません。赤字が続き、資金はどんどん減っていき、いつまでも先が見えない恐ろしさにさいなまれ……その苦しさに耐えることができる人はまれです。

実際に、日本政策金融公庫の「新規開業パネル調査」における業種別廃業状況では、調査期間の5年間（2011〜15年）の全業種廃業率が平均10・2%のところ、飲食店・宿泊業の廃業率は18・9%と、2倍近い数字になっています。これは、全業種を通してもっとも高い廃業率です

（ちなみに、２番目は情報通信業15・８％、３番目は小売業14・５％）。こうしたデータが、飲食店経営の難しさを物語っています。

先述のＡさんの例からも明らかな通り、事前の情報やリスクを十分に把握せず、安易に事業を始めて過酷な競争環境で負け続け、初期の設備投資と運営コストであっという間に資金が枯渇《こかつ》してしまう……というのが「飲食業の負けパターン」です。

飲食業界を理解するために、「上」を見てみましょう。外食産業の売上高トップは、すき家やなか卯《う》を運営するゼンショーで、２０１６年３月期の売上高は約５２５０億円です。一見したところ大きな数字のように見えます。しかし、外食産業の市場規模が約25兆４０００億円であることを考えると、およそ２％のシェアしかありません。

さらに、外食産業のトップ10企業の売り上げを合計しても２・２兆円、全体の10％程度のシェアにしかなりません。独占的な企業がないということは、外食という産業は毎年数多くのプレイヤーが新規参入し、競争に敗れては退出している「**レッドオーシャン**」であることを示しています。

25兆円という市場規模を考えれば、参入の余地が大きいことも確かですが、同時にそれだけ激しい入れ替わりも起こっている、ということなのです。

「町中華」が生き残る理由

そう聞いて、「自分はそんな大成功をしようとは思っていない。自分の店舗で夫婦が食っていければそれで十分だ」との意見を持つ方もいるでしょう。そういう人に向けて、クイズを出してみたいと思います。

みなさんの家の近くには、特別に美味しいとは感じられないのに、なぜか数十年も続いている中華料理店はありませんか。いわゆる「**町中華**」です。

【問1】なぜ、そんなお店が存続できるのでしょうか?

もっとも大きいのは、人件費や家賃がほとんど掛からないからです。

「町中華」には、夫婦で切り盛りし、忙しい時間帯には子供も手伝うようなお店が多くあります。自分の店で食事をとれば食費も浮くので、生活にかかる経費を大きく落とすことができます。

さらには、店と自宅が共用であれば、店舗家賃といった固定費負担も大きくありません。実際に街を歩いてみれば、町中華のみならず、何十年も続いているような個人経営の飲食店は、大半が住宅併用店舗であることに気づくはずです。

それどころか、住居部分で生活に使う電気、ガス、水道などの光熱費や、その他もろもろの生活費を飲食店の経費に組み入れています。そうして家計負担を最小に、かつ利益を調整して税金対策まで行っているのです。

ＦＬ比率を知らない人はアウト

飲食店経営希望者には、究極の味を実現し、お客さまに最高の体験を提供したいと、いっさい妥協《だきょう》のないこだわりの料理を追い求める人が大勢います。そんな方にもクイズです。

【問２】　飲食ビジネス用語で、「ＦＬ比率」というキーワードをご存じですか？

Ｆはフード（食材原価）、Ｌはレイバー（人件費）のことです。売り上げの55％以下にこの**ＦＬ比率**を落とさないと、採算が合わなくなり、経営が傾くといわれています。

飲食店の店主は、原価を抑えるため一皿ごとの食材量を細かく計算したり、同じ食材をほかに転用できるようにメニューを工夫したり……と、日々涙ぐましい努力を重ねています。好きなだけ食材にお金をかけてクオリティを上げることは誰にでもできますが、利益、商品価格とのバランスを考えなければ経営は成り立ちません。

長く続く飲食店の経営者は、みな意識してFL比率を下げる努力をしています。その代表的なものの一つが、夜の料理店で余った食材を翌日のランチで消費することです。

夜は6000円から1万円くらいする割烹やお寿司屋さんが、ランチ営業では800～1000円程度で定食などを提供していることがあります。あれを見て、不思議に思ったことはありませんか。

「安い居酒屋ならまだしも、この価格じゃ儲《もう》けがないだろう……？」

実は、やりたくてやっているわけではないのです。

昼と夜に営業している個人飲食店のオーナーは、たいへんです。夕方5時半に開店し、夜10時ラストオーダー、11時閉店のお店の店主が、居残ろうとする客を追い出し、売り上げを締め、片づけと掃除、お酒など配達物の発注、翌日の仕込みを済ませ、ようやく店を出られるのは深夜1時か2時ごろです。家に戻って風呂に入り、床に就《つ》くのは3時か4時でしょうか。

起床は7～8時です。すぐに生鮮ものの仕入れに行かなければなりません。

市場や業務スーパーに行って買い出しをし、9時ごろに店に着き、息つく間もなくランチの準備です。ランチはおよそ2時間の短期決戦です。注文が入って5分、遅くとも10分以内に料理を出し続けなければいけません。メニューはできる限り少なく、できれば5種類ほどに収めたいところ。

昼2時、怒濤《どとう》のランチタイムがようやく終わります。片づけがすべて終わったら、自分の昼食です。何人かスタッフがいるお店なら、みなでまかないを食べ、余裕のない個人店はランチの残り物で白飯をかきこみ、一息つきます。

ほどなく野菜や魚、肉などの配達物が届きます。品質を確認して、ボードにその日のおすすめメニューを書き、夜の開店に向けて仕込みを行います。準備が終わった夕方4時30分、店主とスタッフは厨房や客席で休憩したり、あるいは短い仮眠をとったりします。

こう書き連ねてみると、「そこまでして、なんでランチ営業をするのだろう。あの値段ではほとんど儲けはないはずなのに？」と思わずにはいられません。正直にいえば、高級店では赤字のメニューもありますから、お客にしてみればラッキーです。

「儲かる夜に来てもらうために、ランチ営業で客寄せをしているんでしょ？」

と、したり顔で思ったあなた。残念ながら不正解です。実は、高級店であればあるほど、ランチとディナーとで客層がまったく異なり、そうした効果は期待薄。

喜んでランチに足を運ぶお客は、夜に自腹で来ることはほとんどありません。上司や取引先や彼氏や、とにかく誰かに御馳走《ごちそう》になるときにだけ、「いいお店があるんです。私はランチしか行ったことないんですけど……」と言って予約を入れます。現実はシビアです。

それでも店主がランチ営業をする理由はただ一つ、「FL比率を抑えるため」。

良い食材を使っているお店は、何日か経って鮮度の落ちた食材を出すわけにはいきません。しかし、良い食材は高いので、廃棄するのはもったいない。牛肉、豚肉ならいくらか保存もきき、多少の熟成効果もあるかもしれませんが、鮮魚、野菜、鶏肉は鮮度が命です。だからといって、高級食材をそのまま廃棄してしまえば、F比率はたちまち跳ね上がります。

しかし、夜だけの営業では食材のコントロールはできません。予約で埋まる店でない限り、天気やイベントごとにも左右され、その日に何人の客が来るか正確には予測できません。また、コース料理でない限り、アラカルトで客が何を注文するかもわかりません。

予約客が前日や当日キャンセルなんてことはしょっちゅうですし、だからといって、キャンセル料を取り立てることはまずできません。

また、夜間の営業中、すでに食事を済ませたグループ客が、2軒目にやって来ることもあります。数品のつまみを注文し、いちばん安いお酒をちびちび飲みながら何時間も居座られることも。あとから来たお客さんを仕方なく断り、閉店から1時間過ぎてようやく帰ってもらったと思ったら、ちっとも料理が出ていなかった……というような日ももちろんあるのです。

飲食店が「水商売」といわれる所以《ゆえん》です。

仕入れた食材を効率よくハケさせることなど、よほどの人気店でない限り不可能なのです。

対策はコース料理か売り切れ御免

Ｆ比率を下げるための効果的な方法は、主にふたつあります。一つはコース料理のみで予約を埋めること。もう一つは、常に満席で人がごった返すような大衆居酒屋や焼き鳥屋さんによくある、〝**売り切れ御免《ごめん》**〟です。

売り切れ御免のよい実例として、東京・足立区の北千住に、「徳多和良《とくだわら》」という立ち飲み居酒屋があります。書籍で一般に広く紹介するのは常連さんに怒られそうなほどの超人気店です。

店主は割烹料理店で修業を積んで独立したそうですが、高級食材をふんだんに使い、丁寧なプロの仕事をしてしつらえた珠玉の料理が、一品３００円から５００円＋税で提供されています。

この店で、ヒラスズキのお刺身を初めていただきました。海が荒れた日の白波の中でしか釣れないという、釣り人にとって憧《あこが》れの高級魚です。その美味しさと感激は忘れられません。

この店で食事ができることは、幸せの極みです。

ただし、このお店には独自のルールがあります。「一組3人まで、1時間まで、予約不可」。もちろん禁煙です。そして、夕方4時開店、8時最終入店、9時完全閉店です。8時で早々と閉店になることも多く、4~5時間しか営業していません。

それでも店頭から人の列が途絶えることはありません。雨の日も雪の日も、営業中に店の外に待つ人がない状態を見たことがありません。

まさに、理想的な売り切れ御免です。6時台には、品書きにあるメニューが次々と赤い線で消されていきます。後から運良く入店できた人は、何が頼めるかをお店のスタッフに尋ね注文していきます。あるものを食べられるだけで幸せだと、客足が途絶えることはありません。

こうして毎晩、5時間以内に入荷した食材を売り切っています。廃棄ロスがほとんどありません。だからこそ、高級食材を使った料理を300円から500円で提供できているのです。

もう一つ、特筆すべきはその回転率の高さです。一般的な居酒屋やレストランは、6時間営業で2回転もすれば合格ライン。ところが徳多和良は、1時間制を設けることで、5時間で何回転もさせています。しかも空席なし。

店内には、だらだらお酒を飲んでいたり、雑談に興じたりしているお客はいません。並んでいるときにメニューを確認し、入店するやすぐに注文し、期待に胸を膨《ふく》らませながら静かに料理の提供を待ちます。ようやく巡り会えた料理を目で見て楽しみ、口に入れてしっかりと噛《か》み締《し》め、驚き、味わい、美味い酒とのマリアージュを楽しみ、幸せの余韻《よいん》に浸《ひた》ります。そうして静かに会計を済ませ、きっかり1時間で大いに満足と感謝をして店を去っていきます。

この徳多和良モデルを真似するのは難しいでしょう。ただし、ここまでいかずとも、売り切れ御免の店は世の中にたくさんあります。その基本的な考え方は、その日一日の売り物数量に上限を設け、売り上げ（収入）をセーブすることと引き換えに廃棄ロスを減らすところにあります。

日本の一般企業に勤める多くの方は、売り上げ機会をロスすることは「罪悪だ」と叩き込まれています。こうした売り切れ御免の商法は、理解できないところがあるかもしれません。頭ではわかっても、それでビジネスとして継続できるというイメージを持てないかもしれません。

しかし、売り上げを作るための原価だったはずのものが、一日経てば1円も生み出さない特別損失に変わってしまう飲食店経営において、有効な経営戦略の一つだということはぜひ知っておいてください。

ギリギリまで削る飲食店経営

話を戻しましょう。

なぜ飲食店オーナーは、睡眠時間を削ってまで儲からないランチ営業をするのでしょうか。もうおわかりですね。彼らは、ランチ営業で前夜の残りを消費し、廃棄を極力減らすようにコントロールしているのです。

お寿司屋さんのランチ握り、海鮮丼、ばらちらし、居酒屋の刺身定食、ミックスフライ、あら汁、浅漬け、きんぴら、そして、日替わりランチメニュー……。それらの多くに前日の夜の食材を転用することで、トータルでF比率を大きく引き下げているのです。

また、昼の営業と夜の料理の仕込みを並行させることで、スタッフを効率よく稼働させてもいます。人件費の無駄をなくすための知恵です。ランチ営業をすることで、アルバイトのシフト編成も絡《から》めて、L比率も同時に引き下げているのです。

このように、夜の営業をメインにした飲食店のランチ営業は、FL比率を下げるための経営努力にほかなりません。

さらに飲食業界の苦しい要素があります。人手不足です。

人口減少社会に突入し、いまや全業種において人材確保が難しくなっています。「低賃金」「重労働」などといわれ、ブラックな印象が強い飲食業界は、アルバイトの採用において大きなビハインドを背負っています。

アルバイト代を浮かすために、正社員として採用した従業員をサービス残業で働かせ、FL比率を下げる……というのが、かつて業界の「ならわし」でした。ところが、この悪習はもう通用しなくなっています。ワタミ、電通、ＮＨＫと、過重労働による自殺などが相次ぎ、労働基準監督署もかなり厳しくなっています。

ランチ営業で効率よく収益を上げ、無駄をなくすことは、このように涙ぐましい経営努力の結晶なのです。

「そんなことはまったく知らなかった。飲食店をなめていた」という人はいないでしょうか。

飲食店経営には、仕入れ、原価管理（廃棄率管理）、製造（調理）、工程管理（回転率）、販売（接客）、労務管理（人件費管理）が深く関わっています。そのすべてで、ムリ・ムダ・ムラを極限まで減らす努力が欠かせません。

優良なお客にリピーターになってもらう、または、ほかのお客に迷惑をかける筋《すじ》の悪いお客に遠のいてもらうための顧客管理をする、商品開発（メニュー開発）を進める、心地よい体験を提供する空間デザインを考える、従業員の採用と育成に力を入れる、法令遵守を徹底する、マーケティング（周辺環境や顧客ニーズのリサーチ）をする、などなど……。廃業することなく営業を続け、生活していけるだけの利益を上げるために、必要不可欠な仕事はたくさんあります。しかも、飲食店経営の評価は、お客それぞれの〝感覚〟によって下され、法則性のある、はっきりとした「答え」を出せないものばかり。結論は自分で出すしかありません。

競合店との体力勝負

さらに、外食は「**箱ビジネス**」です。立地に左右され、簡単に動くことができません。これも飲食店業界の闘いを厳しくしています。

仮に、人口は多いけれどもライバルの少ない、条件のよい場所に出店できたとしましょう。いまはお客の入りが上々かもしれませんが、いつ隣《となり》に新しい競合店ができるかわかりません。ジャンルの異なる店ができてその界隈《かいわい》が賑《にぎ》わうようになれば、プラスの相乗効果が働くこともあるかもしれません。しかし、小さな焼き鳥店を開いていたとして、すぐそばに「鳥貴族」が出店してきたとしたら？

また、一度流行《はや》りのイタリアンができれば、「この地域はイタリアンがウケる」と評判が立ち、似たような店が乱立するのもよくある光景です。東京の青山や六本木がまさにそれ。たちまち、客を奪い合う消耗戦を余儀《よぎ》なくされます。

その結果、旗色が悪くなり、売り上げがガクンと落ちたとしても、飲食店は簡単には移転できません。家賃6ヵ月分の保証金は原状回復費用で戻ってきませんし、移転しようとしたらしたで、新たに6ヵ月分の保証金、開店資金などがかかってきます。

結局は、いくら競合の店が増えても、その場で闘い続けなければならない宿命にあります。

実は、欧州などは飲食店の過当競争を避ける工夫をしています。厳格にライセンスビジネス制を敷《し》くなどして行政が〝参入障壁〟を作っているのです。ストリートごとにアルコールを提供できる店舗数を決める、その提供時間を「夜10時まで」などと制限するなど、さまざまな取り決めをしています。また、火を使っていい店舗、ダメな店舗もライセンスで決められます。

ロンドンやパリでは、営業権と呼ばれるこのライセンスの争奪戦が過熱しています。人が集まる繁華街で飲食店を開設しようとすると、数億円もの営業権買い取りの資金が必要になります。こうなると、個人で新規参入するのはほとんど不可能でしょう。「ちょっとやってみようかな」と安易な考えの人をあらかじめ除外し、過当競争を防ぐことにつながっています。

よりよい店ができるためには、健全な競争が必要です。その意味では善し悪し両面あると思います。しかし、相応の体力と実力がなければ始められないということは、準備不足の開業による廃業や、過当競争による共倒れを減らす効果をもたらしているという点で、日本も参考にすべきところがあるともいえます。

飲食店〝以外〟をおすすめします

そろそろまとめましょう。

日本の飲食業は、経営学の専門書に載っているようなフレームワークをすべて詰め込んで、ようやく勝負の土俵《どひょう》に上がれるような、きわめて成功が困難なビジネスです。料理の腕に覚えあり、といったぐらいのことでは、どうにもなりません。

脱サラや退職金で、趣味程度に始めるような気軽さを「許す余地がない」ということは、ご理解いただきたいと思います。

今日もまた、全国各地で飲食店がつぶれ、そして新たな「**廃業予備軍**」が誕生しています。

私自身、投資事業を行う中で、飲食店廃業の悲劇を何度も目《ま》の当《あ》たりにしてきました。実際に、投資先が副業で飲食業を始め、赤字を生んだため、撤退してもらったことまであります。そうしたケースに接するたび、飲食業界の難しさを思い起こし、その実態を伝えていかなければとの思いを新たにしています。

「三戸は飲食店経営をやる気はないのか」との疑問の声が聞こえてきます。正直にお答えします。絶対にやりません。

同じ資本と労働を投下するのであれば、飲食店経営以外の事業にします。ほかに断然、勝てるビジネスがあるからです。

第３章　中小企業を個人買収せよ

スタートアップに手を出すな

あなたの起業や飲食店経営の夢を無残に打ち砕《くだ》いてしまったかもしれません。しかし、これが現実です。とはいえ、その意欲を生かして成功する方法はあります。この第3章からは、そうしたポジティブな話をしようと思います。

それが、**個人M&A**です。

第1章で、「**ゼロイチ起業**」の難しさ、恐ろしさを訴えました。ゼロからの起業、いわゆるスタートアップというものは、壁、罠、山、谷、落とし穴……日本語で表現されるありとあらゆる障害に取り囲まれています。経営の初心者がトライ・アンド・エラーでこれらの障害をクリアして、立ち上げに成功してイチとなり、さらに1－10の飛躍的な成長を成《な》し遂《と》げ、人材、設備、顧客、仕入れ、製造、サービスが整い、経営がある程度安定するまでに、およそ10年はかかるのではないでしょうか。

それは本当にしんどい10年です。

日本では、起業して5年後に残っている会社は半分以下の42%、10年後に残っている会社は、4分の1以下のたった23%しかありません。これは、製造業を対象にした経済産業省工業統計表

「開業年次別　事業所の経過年数別生存率」の調査データですが、製造業は小売りやサービス業よりも廃業率が低いので、全体の生存率はさらに低いといえるでしょう。強いモチベーションで独立開業し、リスクを取ることができる起業家たちが全力で闘って、この数字。

そこで、そんな「ゼロイチ起業」より、過酷な10年を生き残った23％の企業の〝**オーナー社長**〟になってしまいませんか、というのが私からの提案です。具体的には、あなたのこれまでの知識と経験を活かせる中小企業を見つけ、個人でM＆Aをして、経営を引き継ぐ……つまり、**「会社を買う」＝事業承継**です。

企業というものは、創業から5年を過ぎると各年の生存率が90％を超えてきます。10年存続したということは、数々の問題を乗り越えながらリスク耐性を培《つちか》い、起業に潜《ひそ》むありとあらゆる恐ろしいリスクをほとんどクリアし、安定飛行の状態に達した、と考えることができます。

当然、そのような会社を買うほうが、ゼロからの起業に比べ圧倒的に〝楽〟です。当初のリスクはヘッジされ、想定外のさまざまな「見えないリスク」もほぼ存在しない状態になっているからです。

10年が経過してすでに一定の経営資産を持ち、経験を積んだ社員がいる企業を買って、それを土台に経営をするのです。ゼロイチ起業よりはるかに楽で、事業からマネジメントまで、たちまち社長（あなた）がやりたいと思うことがより早く、スムーズに実行できるようになると思いませんか。

実はすごいサラリーマンのＯＪＴ

本書を手に取るようなサラリーマンの読者の多くは、経営が安定した会社でのビジネス経験しかないはずです。

といっても、それは悪いことではありません。会社を買うことを考えたとき、むしろそのことが「メリット」になります。経営の安定した大企業で、「30年選手」であれば、その業種で30年もの経験の蓄積があり、成功例も失敗例も数多く見て、目利きができるはずです。また、キャリアのうち10年、15年という期間を管理職としてマネジメントに従事してきたとしたら、ゼロイチ起業の初心者かもしれませんが、組織マネジメントは大ベテランです。

私が大企業や業界大手のサラリーマン中間管理職の方に中小企業の買収をおすすめするのは、まさにこの点です。実務経験に加えて、所属企業で受けてきた「教育」のアドバンテージが、企業経営を担う際に非常に大きいのです。

といっても、新卒で同じ企業に長年勤務してきた方は、特別な教育を受けてきたという実感のない人も多いはず。しかし、実は、あなたが経験してきた大手企業の日々の業務にこそ価値があります。その中であなたは、非常に高度なマネジメント教育を受けてきているといえるからです。

「確かに、数年に1回とか、役職が上がるごとに、マネジメントに関する集合研修を受けたな。でも、内容はほとんど覚えていないし、スキルが上がったとも思えない。ぶっちゃけ、『必要ない』と思っていたぐらいなんだけど……」

まあ、まあ、そう言わずに聞いてください。

たしかに、集合研修が日々の仕事において具体的に役に立ったという実感はさほどないかもしれません。あなたがこれまで受けてきた重要な教育とは〝それ〟ではありません。

優良企業の社員が受ける「高度な教育」、それは**OJT**（On-the-Job Training）です。「指導社員について仕事のイロハを教えてもらった」「先輩から引き継いだ仕事を覚えた」「業務改善の中、目の前の仕事をしっかりこなしてきた」、そういう経験を通じて、かなり質の高いOJT教育を受けてきているといえるのです。

大企業は面白くない、の勘違い

ベンチャー企業を志向する人の中には、大企業の仕事を「面白みがない」「成長しない」「やりがいがない」などと批判する人が結構多いのですが、少々短絡的で、視野が狭《せま》い気がします。大企業や業界大手が中小企業と何が違うかというと、業務の進め方やシステムなどの仕組みが非常に洗練されている、という点です。

あなたが現在勤務している会社の主要ビジネスは、業界で何位でしょうか。産業にもよると思いますが、何十年も存続し、業界で名の知られた一定規模以上の企業であれば、いくつかの事業は業界で5位以内に入っているのではないでしょうか。

業界5位でも、長年の厳しい競争に勝ち残った、紛《まぎ》れもない勝者の一角です。当然そこには、歴史を刻むだけのノウハウが蓄積されています。

当たり前ですが、ビジネスモデルだけでは、企業は競争に勝てません。事業は総力戦です。企画開発力、設計力、生産管理力、品質管理力、資本力、資金調達力、マーケティング力、人材採用力、組織力、ブランディング力、購買力、販売力などなど、経営のあらゆる要素を駆使《くし》し、マネジメントできていなければ生き残れません。

そうして勝ち残った企業は、勝利のビジネスモデルを持っていると同時に、非常にレベルが高く、最新のビジネスシーンに最適化され、洗練された〝**勝利のマネジメントモデル**〟を持っています。

そして、名の知れた企業、優良な企業のもとには、優秀な人材が集まります。中でも特に優秀な社員たちが、社内のマネジメントモデルを次々にアップデートしていきます。アメリカや日本の一流企業から最新のマネジメントモデルを学び、最新の管理ツールを導入していきます。無駄を省《はぶ》き、モチベーションを高め、生産性を最大化する工夫を常にしているのです。「変化対応業」を標榜《ひょうぼう》したのはかのセブン-イレブンですが、この言葉は、優れた大手企業の社内改善にも当てはまるものだと思います。

もしあなたが今、大企業、大手企業にいるのでしたら、僥倖《ぎょうこう》です。たとえ自社のマネジメントの〝仕組み〟に無関心なタイプだったとしても、あるいは、ある日突然新しい仕組みが導入されて仕事のやり方が変わるのを面倒だと感じるタイプだとしても、それでもあなたは、日々の業務を通じて、絶えずアップデートされた〝勝利のマネジメントモデル〟の使い方を習得し、当たり前に使いこなしています。

集合研修で学ぶことは、ＯＪＴで習得して自然に使いこなしているモデルを体系化し、より深く頭で理解できるよう、理論化したものです。

そのように体系化された理論を頭でもしっかり理解することは、将来あなたが会社を買って経営者になるうえでは重要です。集合研修に真剣に参加していない人は、会社が〝タダ〟で与えてくれた、将来社長になり、資本家になるための勉強の機会を逸《いっ》していることになります。正直、もったいない限りです。

でもまだ、致命的というわけではありません。実は、あなたは日々の仕事を通して、その仕組みをほとんど習得し、使いこなしてもいるからです。それができていれば、体系的な理論は後からでも学べばすぐに理解できます。

理論というものは、そのマネジメントの仕組みを実務で使い、実践した経験のない人がいくら勉強しても、なかなか肚《はら》に落ちず、身につくことがありません。しかし、実地に経験を積み、マネジメントをしてきた人なら、基本はすでに身についているため、理論の理解も早いといえます。

中小企業は最新モデルを知らない

そして、そのあなたのマネジメントスキル（と、体系化された理論の学習）は、やがて中小企業の経営を担う際に、圧倒的な優位性となりえます。

大企業にいるあなたは、経営効率や生産性を高めるために営業管理、経理・財務管理、倉庫・物流管理、調達管理など、さまざまな業務管理システムが導入されていて「当たり前」と思うでしょう。

でも、中小企業の多くは、そんな新しいマネジメントモデルがほとんど導入されていません。あなたの会社が、20年前、30年前にどの程度パソコンやオンラインシステムが整っていたかふり返ってみてください。中小企業の〝今〟はまだその状態に近いといっても過言ではありません。古色蒼然《こしょくそうぜん》とした数十年前の管理の仕組みを、いまだに進化させることなく使い続けているところがたくさんあります。

いってみれば、会社そのものが「型落ち」。

今でも、手書きの帳票をファイルに入れて人が在庫を管理していたり、電話やファクシミリで受発注をしていたり、もうびっくりです。まるでインターネットもパソコンもない時代にタイムスリップしたような錯覚《さっかく》に陥《おちい》ることもしばしば。

もちろん、中には最新機器やシステムを導入している会社もあります。でもそれは、事業を行ううえで必要に迫られたからです。クライアントから先進的な業務システムの導入を要求され、「導入していただけないと、今後は仕事を発注できなくなります」などと言われて初めて、仕方なく導入する――そういうものです。

中小企業のシステム導入が遅れるのは、一に初期費用がかかるため、二にそもそものシステムの存在を知らないからです。

中小企業の生産効率が低いわけ

業務システムというのは業務上の無駄を省《はぶ》いて効率化したり、労働時間を短縮したり、生産性を高めたりすることで、企業の利益率を高めるために導入するものです。

たとえば、マネジメントがずさんな営業の現場では、

・得意顧客ばかり頻繁に訪問し、苦手な顧客にはアプローチしない。
・ダンピング競争が進んでいる利益率の低い商品を一生懸命営業している。結果、売れば売るほど赤字が膨《ふく》らむ。
・複数の営業マンがそれぞれ別のルートから同じ企業にアプローチしている。顧客情報が共有されていない。
・営業マンによってやり方が違う。
・自らの産業の動向には詳しいが、クロスセルできるようなほかの産業の動向には疎《うと》い。
・客先で受注を受けても、一度会社に戻ってからでないと受注手配ができない。
・部下に仕事を教えない。教えられない。「見て覚えろ」というスタイル。

といった〝非効率〟がそこかしこに存在しています。

そこで、顧客情報を管理・共有したり、業務フローを普遍化したり、業務を通じて早く効率的に成長できるOJTを導入したり、クラウドによってどこからでもリモートでシステムにアクセスできるようにしたりすることで、営業の機会損失や無駄を減らすことができるのです。

また、業務システムだけでなく、組織力を高める「チームビルディング」や、部下に対して自らの気づきにより自己成長を促《うなが》す「コーチング」、会議の参加者全員の意見・アイデアを引き出す「ファシリテーション」、社員のモチベーションを高める仕組み、良いところを伸ばすための評価システム、人と人とのコミュニケーションのツール等々を導入することで生産性を上げることができるのです。


こうした業務システムやコミュニケーションツールの多くは、今ではクラウド化が進んでおり、中小企業の経営体力でも問題なく導入することができます。

しかし、新しいことを覚えるのは誰でも面倒臭く、メンバーの反発もあります。中小企業では、そもそもそんなシステムの導入は検討すらしていない先がほとんどです。そんなことから、進歩を続ける大企業に比べ、なかなか生産効率が上がってこないのです。

だから大企業に良い人材が集まる

大企業がこのようなシステムを導入するのは、経営を数値管理できているため、投資対効果がプラスになると計算できるからです。

利益率の高い商品を継続的に買ってくれそうな顧客に優先的にアプローチし、残業が減り、モチベーションが上がり、若手社員が早く成長し、会議が活発化して全員がアイデアを出すようになってくれれば、営業効率は何%かの改善が見込める。業務システムの導入費用や、コミュニケーションツールの講師代など、それを考えれば微々《びび》たるものだ、と大企業には〝わかる〟のです。

一方で、残念ながらほとんどの中小企業では、このような数値管理や人材育成の投資を行っていません。

昨今は、どの業界でも人材が不足しているので、優秀な人材の取り合いになっています。人材は企業の生命線です。良い人材が採れるかどうかで企業の未来が決まるといっても過言ではありません。

どこかの飲食チェーンのように、社長から「24時間365日働け」と強要されたり、どこかの

ＩＴベンチャーのように、「うちは1年目から責任の大きな仕事を任せるから、凄《すご》いスピードで成長できるよ」と誘われて行ってみたら、長時間のサービス残業が当たり前の超絶ブラックだったりするような企業は、今ではまったく通用しません。瞬《また》く間にネットで晒《さら》され、即アウト。優秀な人材からそっぽを向かれます。

それがわかっている経営者は今、福利厚生を手厚くしたり、給料を良くしたり、オフィスを格好良くするだけでなく、リモートワークやフレックス制度などワークライフバランスの重視、女性の活躍を支援する制度など、働き方改革に力を入れています。

企業と社員の関係性は、景気や時代によって変化します。人材不足の今は、主役は社員なのです。良い企業であるほど社員を大切に扱っています。

大企業の正社員は全員、幹部社員

大企業や大手企業の人材は中小企業の社長候補だと聞いて、「いやいや、私は企業の歯車ですよ」と思ったそこのあなた。それは少し勘違いされているかもしれません。大きな企業において、本社で総合職採用をされた方は間違いなく全員、「幹部社員」です。

想像してみてください。あなたが社員４０００人ほどの化粧品メーカーの営業マンだったとしましょう。複数の事業部門があり、営業職はすべて合わせて1000人。事務スタッフが500人。工場勤務の社員が2000人。開発部門が200人。総務部門と役員を合わせて300人。合計で4000人です。

自社工場には、パート・アルバイトのスタッフがさらに3000人います。

全国の百貨店などの化粧品売り場なら、業務委託の販売員が1万人います。また、アジアを中心として海外の売上比率も伸びており、グローバルには3000人の従業員がいたとします。

これらのスタッフをすべて合わせると、2万人。さらに、製造・加工には複数の協力企業に委託もしていますから、総数はさらに万単位で増えるはずです。

このように考えると、「本社の営業マン」は、少なくとも2万人が関わる事業の中の1000人だといえることがよくわかります。するとその営業職は、1人で20人分の売り上げを背負っていることになるのです。

さらに、課長を務めていて4人の部下がいれば、1人で100人のスタッフを束《たば》ね、それに加えて、協力企業数社の営業責任を負っていると考えることができます。だから、あなたは組織の歯車などではなく、組織の歯車を回している人、なのです。

この営業管理職の仕事はといえば、まずは担当するブランドの各商品について、各店舗の予算

（売り上げ予測）を立てることでしょう。その予算に基づいて、工場では生産計画が立てられ、材料の発注が行われ、生産が行われます。

次に、販売に向けて、セールスプロモーションが企画されます。新商品であれば、広告部門と広告代理店の協力を得ながらキャッチコピーをつけ、イメージキャラクターを決め、タレントを使った販売促進ツールが制作されます。

テレビコマーシャル、インターネット広告、雑誌広告、ラジオ広告、新聞広告、電車の車内広告、駅や街頭のサインなどを使い、広告費を何にいくらかけるか予算配分を考えます。

各店舗の売り上げ目標を立て、販促キャンペーンを企画します。販売員を集めて商品知識を伝え、売り方を考えてもらいます。売り場作りをし、いよいよ発売です。

管理職としてもっとも大事なことは、予算通りに販売することです。逆にいえば、販売できる数を正確に予測して予算を組むことです。

予算に対して売り上げが下回れば、不良資産（在庫）を抱えることになり、広告費もかけただけ赤字になってしまいます。すると、「何が何でも計画予算を達成しろ」という通達が現場に下りていくことになります。逆に予算よりもはるかによく売れて、売り切れ入荷待ちが続出したら、販売機会を大きく失っていることになります。

また、企業は日々競争を繰り広げています。「これは売れる」と見込んで大量に生産したところ、購入者にとっては期待したほど使用感がよくなかったり、ライバルの商品がヒットしたりして、シェアを食われることも起こります。人気が下がったまま盛り返すこともできず、倉庫には大量の在庫が積み上がる、なんてこともあります。放っておけば、赤字額はどんどん拡大し、商品の消費期限が来れば価値がなくなります。この在庫をいかに早く売り切るか。なんとしてもそのための手立てを考え、実行しなくてはいけません。

やらなければならないことは多岐《たき》にわたります。責任の大きな仕事です。しかしこんな難しい業務を、化粧品メーカーの営業管理職は当たり前にこなしています。それは、それら一つひとつの仕事が高度に仕組み化されていて、その人に仕組みを使うスキルが身についているからです。

停滞したままの中小企業の代表例

一方で、中小企業はどうでしょうか。

製造する製品のほとんどが大企業からの下請け仕事だという典型的な中小企業の一例を挙げましょう。

この会社には、営業戦略といったものはありません。発注元から求められた製品を、言われたまま、言われた図面通りに、言われた数だけ納期に間に合うように作って納めます。

そこには製造上のたくさんの創意工夫がもちろんあるでしょう。しかし、経営という観点で見れば、日々受注をこなしていくだけであることには変わりありません。売り上げは大手に依存し、それなりに経営が回っているので、新規に営業をかける必要性も感じていません。

クライアントからの値下げ要求には何度か応じてきました。製造原価を下回らなければ、ノーとは言えません。あるいは単体赤字であっても、無理に費用削減し、ギリギリの全体黒字に変えます。会社全体でも、ほぼ利益は出ていません。

営業をしていないので、既存クライアント以外に新規のニーズがあるのかどうか、販売価格が妥当であるかどうか、実はわかっていないのです。

そんな製造現場には、無用な部品在庫が山のように積まれていたりします。1年に数個しか使わない部品を、何百個も持っていれば資金は固定されますし、在庫を管理する場所の家賃も費用を垂《た》れ流すだけのものでしかありません。

無駄があればあるほど、会社全体の空気が淀《よど》みます。惰性で仕事をしていると、時間の経過とともに感覚は麻痺《まひ》し、不要な部品があっても気にならなくなります。大企業の経営企画室のような風紀委員が指導の仕組み化を行うこともありませんから、社長や役員が逐一言わない限り、いっこうに改善されません。

そして、中小企業の仕事の多くは属人化しています。老齢を迎えた職人ばかりで、この人たちが引退したらどうなってしまうのか心配な状態です。朝礼はしますが、定期的な会議はほとんどありませんから、知識や経験もあまり共有されません。

「税理士がちゃんと見なかった」

私たち投資ファンドが、そんな中小企業の投資先に入るときに真っ先にするのが、各業務のKPI（Key Performance Indicator＝主要業績評価指標）の設定と、それをPDCA（Plan-Do-Check-Action）サイクルで回す仕組み作りです。しかし、多くはKPIどころか、PDCAという言葉すら知りません。

それでも中小企業の社長には、大した危機感はありません。

財務諸表の見方がわからない経営者が多くいます。税理士の〝先生〟に任せっきりで、決算書もまともに読んだことがないからです。

投資の審査で、中小企業の社長に「会計の状況を教えてください」とお願いすると、決算書や試算表を開いて説明するのではなく、「〇〇への振り込み」、「〇〇の支払い」などと手書きで書き込まれた預金通帳のコピーを持ってきて説明されることもよくある光景です。

財務諸表を見ながら、中小企業の社長に「この科目、どうなってますか」と聞けば、「これって、なんですかね」と返答されたりします。「私ではわからないので、税理士にちょっと確認してみます」などと平気で言われます。自社の粗利率を知らない経営者が多いことには、最近ではもはや驚かなくなりましたが、年商数億円の会社社長が減価償却費の考え方を知らなかったときはさすがにずっこけました。慌ててホワイトボードに書いて説明しました。

さらに、資金繰《ぐ》りが悪化した会社の経営者に、「なんで、こんなことになったんですか」と訊《たず》ねると、「いや、うちの税理士がちゃんと見てなかったんで……」などと平気で答えたりします。ちゃんと会社を見るべきなのは、税理士ではなく、社長であるあなた！　なのですが。

社長が会計を見ないというのは、私に言わせれば、アイマスクを付けて車を走らせているのと同じです。

数字は企業の診断書

私は中小企業の社長のみなさんによく言っています。体重を量《はか》って80キロだったとして、その数字がその人の体において何を表しているのか、その意味を理解していないとダメでしょう、それは経営もまったく同じですよ、と。

それが身長１８５センチの男性の体重なら、引き締まって健康的だろうと考えられますが、１

70センチの男性の体重だとしたら、その人はメタボリックシンドロームの可能性が大です。生活習慣病の可能性も疑われます。念のため血圧や血糖値の数値も見て、異常値があれば、食事や運動習慣を変えたほうがいいことは確実です。

あるいは、その数字がもし、155センチの方の体重だったら相当な肥満です。もはや脳卒中や心筋梗塞《しんきんこうそく》など、重大な健康リスクを抱えているかもしれません。健康でいたい、長生きしたいというのであれば、いますぐパーソナルトレーナーをつけて、その指導のもとでダイエットを始めるべきでしょう。

また、身長と体重が同じでも、筋肉の量によって数値の持つ意味が変わります。筋力トレーニングをしている人なら、170センチ80キロでも逆三角形で体脂肪率の低い人もいるでしょうし、その一方で、手足が細くて胴体だけでっぷりと太っている人もいるでしょう。

また、体重が90キロあった人が80キロになるのと、70キロだった人が80キロになるのとでは、同じ80キロでも数字の持つ意味合いが全然違います。前者はダイエットが成功して喜ぶべきものです。これに対し、後者は太って人生初の80キロの大台に乗り、このままだともっと増えてしまいそうな、悲しみの数字かもしれません。

体重以外にも、血圧や血糖値など、その意味がわかっていないと有効活用することができないのが数字、データです。そして、そのデータを時系列で見比べたり、ほかの人と比較していくことなどが、データを〝使う〟ということになるのです。

企業の業績を表す数字も、それと同じです。今期の売り上げ数字だけを見ても、経営状態は何もわかりません。その意味するところがわからないからです。売り上げに対して粗利はいくらなのか、販管費はいくらなのか、対前年比はどれくらいなのか、同業他社の水準はどうなのかなど、関連する数字を見比べなければ実態はわからないのです。

ＢＳ（Balance Sheet：貸借対照表）やＰＬ（Profit and Loss statement：損益計算書）には、企業の健康状態を診断できるさまざまな数字が書かれています。健康診断結果のシートと同じです。「財務諸表を読む」とは、そこに並んだ数字を見て企業の健康状態を理解することなのです。

前近代的でも黒字の中小企業

投資ファンドを運営する私たちは、３期分の財務諸表を見れば、その会社がどのような経営状態にあるかをほぼ把握することができます。自身の会社でそれができなければ、経営者とはいえないと思うのですが、実際には、中小企業では財務諸表が読めない経営者がほとんどです。

さて、あなたは財務諸表が読めるでしょうか。「自信がない」という人は、社長になるには会計を少し勉強する必要があるとは思います。ただ、大企業で管理職をしていた人ならば、おそらく予算編成や決算で、自分たちの業界における決算数値の意味はわかっていると思います。それだけで旧態依然の中小企業の経営者より、経営スキルの面では進んでいる可能性が高いといえます。

大企業には、前述したような〝仕組みの導入〟に特化した担当者がいますが、中小企業にはいません。経営企画室など業務改善を促す部署自体がありませんし、そんな人を雇う余裕もありません。

そのため仕組みの導入は、社長がやるしかありません。しかし致命的なことに、社長自身がそもそもどんな新しい仕組みがあるのかを知らないのです。

これまで中小企業は、親族内承継が9割以上でした。ですから社長も、大学を出ていったんどこか大きな企業に新卒で入り、ほんの数年の経験しかないままに家業を継ぐために戻ってきて入社し、すぐに専務になり、10年勤めて社長になったというようなケースが、偏見ではなく、本当に多いのです。せっかく新卒で大企業に入社しても、彼らはマネジメントを経験するまで到達せずに実家に戻っていますから、経営や管理の何たるかはよく知りません。

昔かたぎの先代社長は、そんな息子を鍛《きた》えることもしません。お父さんや古参社員のやり方を否定せず、会社のやり方を黙って踏襲《とうしゅう》するのが出戻った息子の役割でもあります。ほんの10年くらい前までは、それでも会社は回りました。何の疑問も持たず、批判する社内の人間もいませんでした。化石のようなやり方でも、世の中に取り残されていることを知らずにいられたのです。

それぞれの地域に、中小企業の若手経営者が集まる団体がいくつかあります。多くは地元貢献と、家業を継ぐ息子たちの経営者としての育成を目的に運営されています。

経営者育成といっても、団体によっては、ワードやエクセル、パワーポイントの〝使い方〟を勉強したり、アジェンダの作り方や議事運営の仕方、人前でのしゃべり方を勉強したりしています。一般企業の新入社員研修さながらの内容です。しかし、これが中小企業の社長に求められる平均的なレベルだったりするのです。

そこで私が言いたいのは、「それでも中小企業は回っている」ということです。大企業で鍛えられた人にとっては、びっくりするほど前近代的で、まともな管理もされていない。にもかかわらず仕事が回り、経営は黒字で安定している中小企業がたくさんあるのです。

経営システムが改善されたら？　ビジネスモデルが洗練されたら？　もっともっと儲《もう》かる企業がたくさんあります。改善余地も成長余地もたっぷりあるのです。

私の投資ファンドは、このように事業内容は良いものの、経営手法や管理が脆弱《ぜいじゃく》な中小企業に向けて、株主としてハンズオン支援（投資先に取締役を派遣して経営を担う支援）を行い企業価値を上げることで、投資リターンを得ることを業としています。大企業の仕組みや東京の最先端で闘っているベンチャーの経営戦略や手法を地方の中小企業に取り込むだけで、その地域では、相当優秀な中小企業へと生まれ変わるのです。

つまるところ、このような潜在力のある中小企業を買い、あなたが経営しませんか？というのが、私からの提案です。

あなたの部署が会社になったら？

まだ半信半疑の人が多いかもしれませんね。

ちょっと違う視点で考えてみましょう。ある程度の規模の企業で管理職を務めた人なら、15〜30人程度のチームを率いている（いた）はずです。ならば、そのチームが会社になったと考えたら、どうでしょう。会社にするにはいくつか機能が足りませんが、それで毎年経営計画を立て、予算を執行し、売り上げを伸ばし……と、ほとんど一つの小さな会社のように回してきているはずです。

そういう人は、自分のいた業界で、従業員が同じ規模の中小企業なら十分マネジメントすることができるでしょう。以前のチームがそのまま本当に一つの会社になった、と思えばいいのです。そして、その規模のチームを運営していくためのノウハウや経験は十分にあるはずです。

なによりも中小企業を買うことの大きなメリットは、あなたが専門性を生かすことができ、勘所もわかる業界で、今、経営が成り立っている会社を設備も、顧客も、従業員も、仕入れ先も、取引銀行も、そのまま引き継ぐことができる点です。

どんな企業であれ、経営上の一番の課題は「事業が継続できること」です。きちんと利益が出ているのであれば、とりあえずは現状の業績をそのまま保てばOK。そう考えれば、マネージャー経験のある人にとって決して難しい仕事ではありません。

流れを大づかみに把握できたら、それから会社をよく見て、「よくない」「古い」と思う部分に改善の手を加えていけばいいのです。

中小企業は経営上無駄が多く、非効率であるため、業務改善によって利益率を上げやすいことが管理職であったあなたにはプラスに働くのです。

商品ごとの利益管理や在庫管理、従業員の労務管理等が甘い、昔からの取引関係から相見積もりを取ることもなく高額で支払い続けている、売れば売るほど赤字になる商品を何の疑問も持たずに一生懸命売っている、年に数個出るか出ないかの在庫を大量に保管したままになっている……などなど、大企業では考えられないことがいくらでもあるのです。

そこで、前の会社で使っていた管理システムを入れて業務を効率化する、仕入れ先と交渉して原価を下げる、IT管理を導入するなど、大企業がやっている〝普通のこと〟を実行するだけで、たちまち効率化と収益向上が図れます。業績も大きく改善する可能性が高いのです。

さらには、これまでやっていなかった新規営業を当たり前に実行するだけで、ほとんどのところが誰もがうらやむ利益を創出することができるようになります。私の知り合いの投資ファンドが経営する中小企業では、長年自動車メーカーAの下請け〝だけ〟をしていたのですが、投資ファンドが主導して、自動車メーカーBに同じ製品を供給したところ、2倍の値段で売れるようになった、という事例もありました。


このように、ポテンシャルは高いものの、経営のやり方がよくないために業績が悪いままの中小企業は少なくありません。私たちのような投資ファンドも、そんな中小企業に投資をして、〝当たり前の改善〟を実直に行っています。

事業そのものは良いが、経営のやり方を間違えているために利益が出ていないような会社を比較的安価で買収する。そして、大企業では当たり前と思われることを実行し、経営のテコ入れをして黒字化させ、次のオーナーを見つけ、売却する。

そのとき会社の価値は、5倍にも10倍にも跳ね上がっている可能性があります。出資した金額は、何倍にもなって返ってくるのです。

投資ファンドが成功する秘密

とはいえ実際のところ、投資ファンドには対象事業に関する高い専門性はありません。たとえば、あなたのように事業に精通した大企業の管理職の方にお願いし、投資先のマネジメントをしてもらいます。たとえば、50歳を超えたビジネスマンになると、仕事人生の最終コーナーからゴールに向けての走り切り方をいろいろと考えている方が多くいます。そんな高い意識と深い知識、さまざまな経験を持った方に、投資ファンドはマネジメントを委任するのです。

きちんとした企業でマネジメントを習得したあなたが、そうしたポテンシャルに恵まれた会社を安価で買い、社長になったとしたら、画期的な改革の導入によって、たちまち企業の経営を好転させることができるでしょう。画期的な改革といっても、すでに見たように、対象となる中小企業にとって画期的だということであって、あなたにとってはそれまでやってきた、やり慣れた普通のやり方を踏襲するだけでしかありません。

たとえば、次のようなことです。

1 在庫を洗い出して整理する。
2 製品ごとに営業利益率を計算する。
3 赤字の顧客との取引をやめるか、値上げ交渉をする。
4 不良在庫を処分する。
5 不採算部門を止める。
6 帳票をシステム化する。
7 全仕入れ先から見積もりを取り直す。
8 部品の発注ロットを小さくする。
9 部品の納期を確認し、早い発注を抑える。
10 在庫の置き場所を最適化する。
11 運送会社と運賃の交渉をする。
12 ホームページを作り、自社の技術を公開する。
13 新規の展示会に出展し、PRしてみる。
14 業務効率化のクラウドを利用する。

15―新規営業の見込み顧客リストを作ってみる。
16―見込み顧客へパンフレットを郵送してみる。
17―見込み顧客への電話をそれぞれ３回ずつしてみる。
18―名刺管理システムを導入する。
19―勤怠管理クラウドサービスを使い、社員の生産性を可視化してみる。
20―会議を開き、社員の意見を聞き、自分の考えを社員に伝える。
21―朝礼で、前日と当日の行動管理をする。
22―週次会議で、先週と今週のＰＤＣＡ管理をする。
23―月次、四半期、年度計画を立てて、実行に向けて進捗管理する。

いずれも、あなたがこれまで当たり前に行ってきた簡単なことです。何か革新的な技術開発をするわけでも、大規模な先行投資をするわけでも、スクラップ・アンド・ビルドをするわけでもありません。細かいところを見て、時代遅れのものや、ずさんなやり方を、少しずつアップデートするだけです。

それだけのことで、意外と、中小企業の経営は革新されてしまうものなのです。

当たり前を当たり前に実行する

万年赤字の会社が2年で黒字になり、V字回復したというニュースを耳にすることがあると思います。そんなニュースに接すると、いったいどれだけ高度な経営手法を導入したのかと思うことでしょう。

『V字回復の経営』（日経ビジネス人文庫）の三枝匡《さえぐさただし》さんか、はたまた「経営の神様」稲盛和夫さんか。とてつもないスキルと知能を持った経営のプロフェッショナルが、いったいどれほどの時間と労力を注ぎ込み、ドラマティックな改革を断行したのだろうかと、想像するかもしれません。

しかし、実際の企業再生においては、外科手術的な対応として、銀行からの借入金を免除してもらうといった一部特殊なものもありますが、内科的な対応（事業面においての改革）は、ほとんどの場合、先に挙げたような当たり前のことの中から、とくにできていなかったもの、赤字の主な要因になっていたものを見つけて、まともなマネジメントモデルをいくつか導入するだけです。

現実はそんなものです。それだけ、高い能力がない人には当たり前のことを当たり前に実行することは難しいのです。

経営資源が揃《そろ》っていて、市場と売り物が悪くないのに赤字に陥っている企業を少し黒字にすることは、そんなに難しいことではありません。私たち、投資ファンドはそのような先を見つけ投資をするのですが、当然、投資ファンドは慈善団体ではありません。少し手を入れれば、そんなに難しくなく経営を立て直せることがわかっているからこそ、出資するのです。

「業務改善をしようとしても、社員の意識改革が難しいのではないか」と不安に思う方もいるかもしれません。しかし、現場の社員たちは、意外と自分の業務を改善することに前向きだったり、そのためのアイデアを持っていたりします。トップが変化を求めないから、これまで顕在化しなかっただけだったりするのです。

ここに、私たち投資ファンドや、外からやってきた新社長（あなたです）などの「外部の風」が入る意味があるのです。

会社を買収した後は、現場社員の話に耳を傾けて、よりよい改善に向けてのディスカッションをします。すると、自ずと組織は業務改善の方向に進んでいきます。実際、私たち投資ファンドが入ると、社員のみなさんも、経営が変わった＝自分の意見を聞いてもらえるかもしれない、と感じることから、会議中であったり、直接のメールであったり、お茶をしているふとした瞬間に、改善のアイデアを出してくれることが多くあります。こういった現場をわかっている社員の業務改善のアイデアが、経営全体の改善につながっていくのです。

　ここまで読み進めてくださったあなたにはきっと、ゼロイチの起業は難易度が高いものの、中小企業の改善はこれまでのビジネス経験の延長線上にあり、できないことはないかも……と感じていただけたのではないでしょうか。

　私は、ゼロイチを作っていこうとする企業に投資する「**ベンチャー投資**（ベンチャーキャピタル）」と、すでに事業ができあがっている会社に投資する「**バイアウト投資**（バイアウトファンド）」の、両方のファンド投資を経験しています。その中で、〝千三つ〟の世界で、伸《の》るか反《そ》るかの投資をするベンチャーキャピタルよりも、投資先のキャッシュフローが回っているバイアウト投資のほうが、はるかに手堅い投資だと気づきました。だからこそ私は、ベンチャーキャピタルではなく、バイアウトファンドを立ち上げたのです。

人生１００年、魅力的な役員報酬

「なるほど、自分は中小企業の経営はできるのかもしれない。しかし、大変だろうし、苦労もするだろう。起業ほどではないにせよ、倒産のリスクもある。はたして、それだけのメリットはあるのだろうか？」

そんな考えが頭をよぎった方には、もう一度本書の序章を読み返していただきたいと思います。

人生１００年を夫婦で豊かに幸せに過ごすためには、60歳で定年、再雇用を経て65歳で引退という道を辿《たど》っているのでは、明らかに資金が足りない、と書きました。

老後の「資産形成」という観点からも考えてみましょう。会社を買うことで、あなたの老後の収入にはふたつの大きな変化が生まれます。

一つ目は、「役員報酬」です。たとえば60歳からの10年間、会社を経営し、１０００万円の役員報酬をきちんともらっていれば、税引き前収入の総額は1億円。手取りで７０００万円くらいにはなります。これだけで人生１００年時代の余生に必要な、月々20万円×30年間くらいのお金は得られます。

会社の業績をさらに向上できれば、役員報酬はもっと高くてもいいでしょうし、それにプラスして、中小企業なら経費もある程度自分の裁量で使えます。経営者はすべての活動が会社経営につながりますから、接待交際費など会社で処理できるものはいろいろありますし、当然ですが、家賃や車両費、交通費、電話代、書籍・新聞・雑誌代など、仕事上の目的のあるものはすべて経費計上可能です。なるべく経費を使い、むしろ役員報酬を抑え目にすると、税務メリットも享《きょう》受《じゅ》できます。

また、中小企業では一般的ですが、配偶者に経理や庶務などの仕事をしてもらうことで、社員または役員として、給料を支払うことができます。自分一人で大きな報酬を得るより、そちらのほうが税務メリットもあります。中小企業は管理体制が整っていませんから、横領その他、お金のトラブルもよくあります。よって、税務メリットだけでなく、金庫番を配偶者にすることの安心感もとても大きいといえます。

対して、会社を買う選択をすることなく、61歳から65歳まで、継続雇用を選択した場合はどうでしょう。

一般的に、継続雇用の給料は定年前の50〜60％程度です。大企業の課長職で定年になった人なら、400万円程度あれば〝いいところ〟ではないでしょうか。その5年間の総収入は、2000万円です。今、50歳の人たちが60歳を超えるころには、さらに継続雇用の給与は少なくなるかもしれません。大企業であなたを生かせるポジションがなくなっていくからです。

中小企業経営者になれば、たとえば年間1000万円の役員報酬を得て、10年間で1億円になると書きました。しかし、報酬以外にも経費を使い、配偶者にも給料を払えば、夫婦で2億円分程度の報酬は問題なく得られるイメージになってきます。つまり、細かな税金などの計算は除外しますが、継続雇用と中小企業を買った場合とで、60歳以降の収入が10倍も変わってくる可能性があるのです。

そして、収入のふたつ目は、「会社の売却代金」です。70歳まで経営改善を行い、利益率を上げることができれば、その上昇させた利益水準をもとに、買ったときより高く会社を売却することができます。中小企業の売買の基準では、改善した利益額の３～５倍以上は高く売れます。仮に、年間５００万円の利益改善ができれば、買ったときの金額に１５００万円から２５００万円くらい上乗せして売れます（詳細は、第5章に記します）。

60代は社長として、これまでの経験や人脈をうまく生かして、資産を作り、仮に現役を退《しりぞ》くとしても、70歳を過ぎてからでいいでしょう。人生１００年とすれば、それからでもまだ残り30年。「**セカンドライフ**」はそれからで十分ではないでしょうか。そして、それからの人生は、金銭的なゆとりという面で、以前とは天と地ほども変わってくるはずです。

歴史のある企業では、数々の関連会社を持っていて、その会社の社長・役員に「上がった人」を送り込んだりしているところがまだまだあります。まさに「天下り」です。そういう会社に勤めているサラリーマンのあなたは、「出世して高い報酬をもらったうえに、関連会社の社長や役員として、また高い報酬をもらう。ずるい」と感じたり、または、「自分たちの時代にもそれが続くのか」と不安に思ったことがあるでしょう。でも今や、会社のそのラインに乗らずとも、あなた個人でも同じことができます。しかも、お飾りではなく、自分の能力・経験を生かした形で。

中小企業経営者の後継者不足で、事業承継にみんなが悩む「**大廃業時代**」とは、あなたにとってそういうチャンスの時代でもあるのです。

第４章　１００万の中小企業が後継社長を探している！

会社を買う戦略への3つの疑問

40〜50代でサラリーマン人生の「先」は見えてきます。出世する人、しない人は、誰も口にこそしませんがだいたいわかります。そしてその違いは、必ずしも実務能力や実績だけでは決まりません。その会社が役員、経営者として求める能力の評価軸は、政治的なことも含め、別にいろいろとあるからです。

そのため、優秀なのにその組織では生かされないまま腐《くさ》ってしまう人が出てくることになります。かつてものすごい売り上げ業績を上げた人なのに、いつの間にか部下なし管理職の閑職に……なんてことも。じつにもったいないことです。

そのまま雇われる身分を受け入れて定年を迎え、再雇用制度で現役時代の3割程度の収入を得て、最後は無職になって100歳までの「余生」を貯金を切り崩しながら生きる。それも人生の選択です。一部上場の大手企業のサラリーマンなら、無謀なことをしなければ、なんとか破綻《はたん》せず人生を終えることはできるでしょう。一方で、頭打ちのサラリーマン人生に見切りをつけ、「腕に覚えあり」と活躍してきた業界・業種で、中小企業の社長としてチャレンジしてみることもまた人生の選択です。

知り合いの編集者の元上司は、定年退職後、関連会社の役員に一度は出向したものの、自分の編集会社をおこしていくつかの出版社と契約、次々書籍シリーズを立ち上げました。最後はある出版社の事業を承継するかたちで自ら版元となり、70歳を超えた今でも小さいながらも出版社の社長として活躍しているといいます。書籍を出版するためには、コードの取得、取次口座取得、流通ルート開拓等々が必要で、新規参入するより、事業を引き継いだほうが早いのです。このケースは事実上、「会社を買った」ようなものでしょう。

「駅などでばったり遭遇《そうぐう》する機会がありますが、まるで現場トップの当時のまま。作品を次々仕掛けて世の中と勝負をしている感じでした。〝生涯現役〟で行くんでしょうねぇ」

と、この編集者は笑っていました。

こんな例を知ると、50代で中小企業を個人買収し、70歳まで社長をしてから引退するというライフプランを、もうすこし具体的にイメージできるのではないでしょうか。

それでもまだ、「会社を買ったことなんてないサラリーマンが個人で会社を買うなんて、そんなに簡単にできるわけがない」という気持ちがあるはずです。なぜなら……。

■疑問①　売りに出るのは価値のない会社なのでは？

確かに、世の中には買ってくれる人を探している会社があるかもしれない。だが、親族も社員も、跡継ぎとして誰も名乗りを上げないような会社は、万年赤字を抱えて今にも潰《つぶ》れそうな会社ばかりではないのか?

■疑問② 優良な会社は高いのでは?

ポテンシャルの高い企業なら、何かの理由で売りに出されるとしても、サラリーマンの自分に買える金額であるはずがない。魅力的に聞こえるが、縁のない話だ。

■疑問③ 「未来」がないのでは?

自分がいる産業は、ＩＴの進化やＡＩに取って代わられて、これからどんどん仕事がなくなるといわれている。事実、市場規模は縮小傾向だ。そんな落ち目の産業の会社を買っても未来はないのではないか?

これらの疑問は、おそらく第3章まで読んだほとんどの人が感じたものではないかと思います。その業種・業界のプロとして、事業を行うことの難しさをよくわかっている方なら、むしろ疑問を抱いて当然です。

では、この3つの疑問にお答えしていきたいと思います。

売りに出るのは価値のない会社？

【疑問①】
確かに、世の中には買ってくれる人を探している会社があるかもしれない。だが、親族も社員も、跡継ぎとして誰も名乗りを上げないような会社は、万年赤字を抱えて今にも潰れそうな会社ばかりではないのか？

そんなことはありません。中小企業の半数以上が〝なんらかの理由〟で黒字廃業しているのです。

東京商工リサーチ「2016年『休廃業・解散企業』動向調査」において、2013年から2015年に休廃業・解散した企業8万3555社のうち、売上高経常利益率が判明した6405社のデータを集めると、実に50・5％が黒字で廃業していることがわかりました。では、なぜ、黒字なのに廃業するのでしょうか。

2012年経済センサスによると、日本の総企業数は412万8215社あります。日本は、

休廃業・解散企業の売上高経常利益率

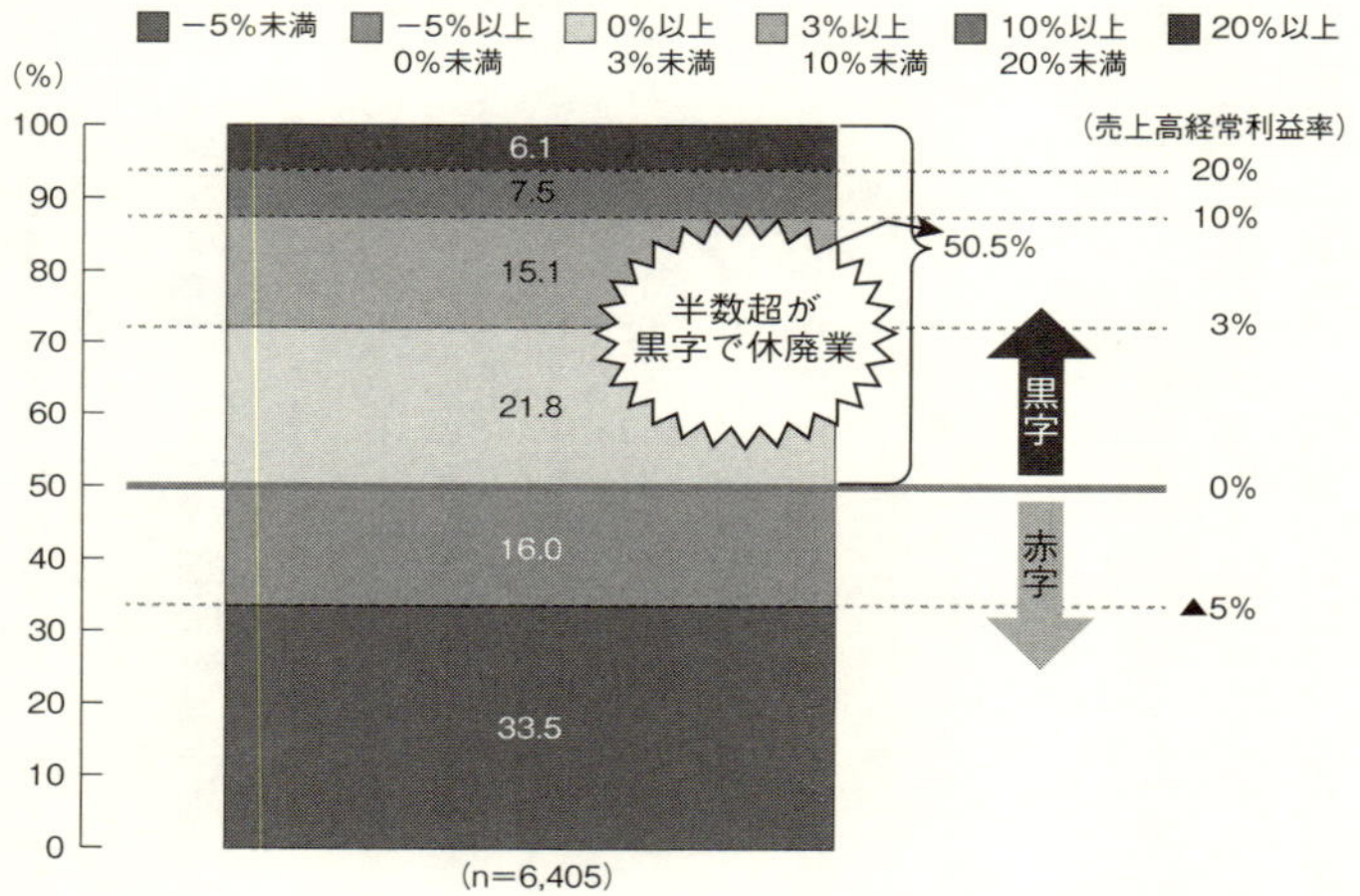

資料：（株）東京商工リサーチ「2016 年『休廃業・解散企業』動向調査」再編加工
中小企業白書 2017 をもとに一部加工

これらの企業を規模によって大企業と中小企業に分けています。

「中小企業」の定義は、「製造業その他」「卸売業」「小売業」「サービス業」の業種分類によって多少違います。たとえば「製造業その他」に分類される事業の中小企業は、資本金の額または出資の総額が３億円以下、または常時使用する従業員の数が３００人以下の会社または個人と定義されています。さらに中小企業の中で、常時使用する従業員数が20人以下の会社が、小規模企業と呼ばれます。

それ以外が、大企業です。

コマーシャルなどで一般になじみのある企業の多くは、大企業だと思います。日本の大企業数は１万２０００社。全体のわずか０・３％でしかありません。

そのうち、東京証券取引所一部上場企業は約２０００社。東証二部、東証マザーズ、ＪＡＳＤＡＱなども含め、株式上場をしている企業の総数は約３６００社。上場企業は、世の中の会社の０・１％以下だけなのです。ご存じでしたか？

繰り返しますが、もしあなたが大企業の社員なら、「それが普通だ」という認識を捨ててください。１０００社の中に３社しかない、「大企業」という成功企業で働く、「エリート」です。上場企業にお勤めなら、１０００社に１社しかない企業の社員です。

勘違いしないでいただきたいのですが、特権階級の人というような意味ではありません。それに見合うだけの能力を備えた人材、という意味です。そういう人たちが組織を構成し、最新のものにアップデートされた経営・業務システムを使いこなし、最先端のオフィス環境下で働き、人材教育もしっかり受けてきたのです。その中で、あなたがマネジメントを任された管理職だとしたら、エリートを束《たば》ねるエリート中のエリートです。

３８０万社の約７割が後継者不足

さて、本題に戻ります。日本には企業が約４１０万社、うち中小企業が約３８０万社もあります。同じ数だけ社長がいる、ということです。日本の就業者人口は約６５００万人ですから、働いている人の実に16人に１人が社長……。すごい数だと思いませんか。

さて、そんな380万社ある中小企業の多くが今、**後継者問題**に直面しています。事業のバトンをいかにして次の経営者に渡すかという「**事業承継**」です。

帝国データバンクが発表した「2017年後継者問題に関する企業の実態調査」によれば、国内企業の3分の2にあたる66・5％が、「後継者不在」です。社長が高齢になって、気力や体力、健康に衰《おとろ》えが見られると、「後継者不在」は、たちまち会社の存続を左右しかねない大きなリスク要因になってきます。

まさに今、日本の多くの企業がその危機に直面しています。

社長が60歳以上の企業では、およそ50％が後継者不在で、その割合は年々、上昇傾向にあります。年代別に見ると、社長が60代の会社で53・1％、70代で42・3％、80歳以上でも34・2％が後継者不在。70歳、80歳を過ぎても社長の重責を担う方が大勢いることには敬服しますが、そのお年で後継者がいないとなると、ご自分の代を限りに事業に見切りをつけ、廃業する気持ちを固めている人も多いことでしょう。

帝国データバンクが2013年12月に発表した「中小企業者・小規模企業者の経営実態及び事業承継に関するアンケート調査」では、中規模企業の社長の約6割が「事業を何らかの形で他者に引き継ぎたい」と希望しているものの、小規模事業者（常時雇用する従業員の数が、製造業、

休廃業・解散企業 代表者の年代別構成比

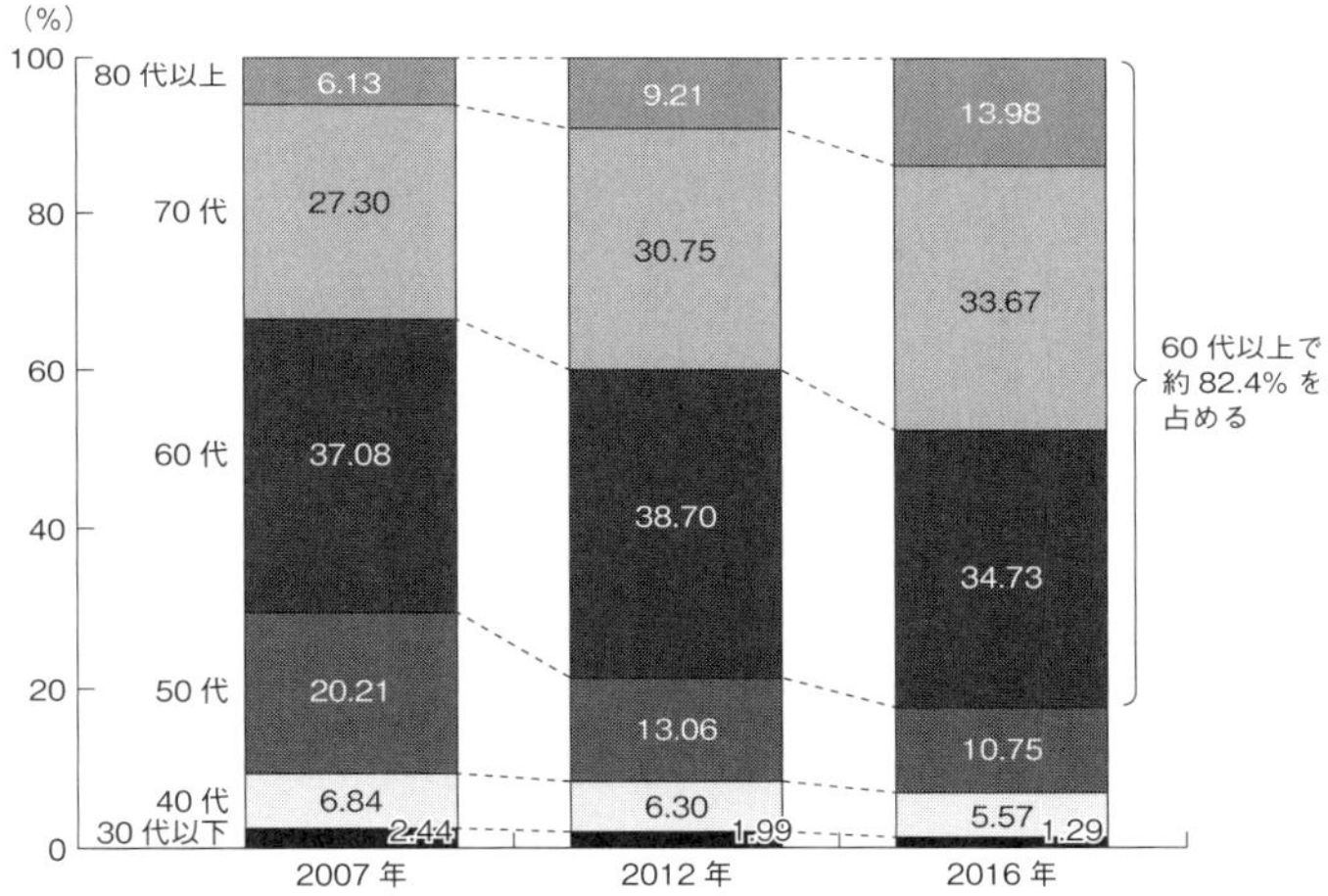

東京商工リサーチ調査をもとに作図

建設業、運輸業で20人以下、卸売業、サービス業、小売業で5人以下の中小企業）では、約2割が「自分の代で廃業することもやむを得ない」と考えているそうです。

「自分の代で廃業することもやむを得ない」と回答した人でも、事業承継を検討した人は3割以上います。その中で、「なぜ事業承継が円滑《えんかつ》に進まなかったか」は、次の通りです。

1位　将来の業績低迷が予想され、事業承継に消極的　55・9％

2位　後継者を探したが、適当な人が見付からなかった　22・5％

3位　事業承継に関して誰にも相談しなかった　9・9％

4位　事業承継をする上で、個人保証や個人財産の担保が障害となった　3・6%
5位　経営課題として事業承継を重視していなかった　2・7%
6位　業務がひっぱくしており、事業承継に取り組む時間がなかった　1・8%

これは、なかなかリアルな回答だと思います。

数字をまとめると、日本にある会社380万社のうち、250万社が後継者不在。社長が60歳以上の会社が約200万社あり、そのうち100万社が後継者不在です。そして、中規模企業の社長の約6割が「事業を何らかの形で他者に引き継ぎたい」と考えています。

会社の規模で見ると、小規模、零細であるほど後継者不足の傾向は顕著で、売上高10億～100億円未満の会社で57・5%、売上高1億～10億円未満の会社で68・5%、売上高1億円未満の会社で78・2%が後継者不在だそうです。

新たな社長を欲している会社は、少なめに見積もっても100万社くらいあると見てまず間違いないと思います。日本の後継者不足問題は、ここまで深刻なのです。

日本の社長の平均年齢は59・3歳

日本の中小企業の多くは同族経営です。かつては息子や娘婿、弟や甥が、家業として社長を継ぐ「親族内承継」がほとんどでした。しかし今、対象となる人々が跡継ぎになりたがりません。

高度経済成長期（1954〜73年）には、地方の人たちはみな、華やかな都会に行くことを夢見ました。映画『ALWAYS　三丁目の夕日』で堀北真希《ほりきたまき》さんが演じた、自動車整備工場に勤める六ちゃんがまさにそうでしたが、地方から東京へ労働者の集団就職が行われ、集団就職列車が走り、都市部への人口大移動が起きたのです。

町工場、建設業、運送業、問屋、小売業を営《いとな》む当時の中小企業の社長たちは、子女教育に熱心でした。自分の息子や娘を塾にやり、家庭教師をつけ、大学に入れました。戦後の苦しく貧しい生活の中で会社を作り、必死で働き、家族と従業員を何とか食べさせてきた社長は、これからの時代は学問がないとダメだと痛感していたのだと思います。

しかしいつのころからか、当の後継者たちは、跡を継ぐのではなく、それなりの優良企業に就職し、地元に戻って来なくなりました。都会で結婚し、子供をもうけ、それなりにいい給料をもらい、都会で生活の基盤を作っていきます。

子供たちは、先代社長が高齢になったという理由で、優良企業を辞めて実家に戻り、町工場や問屋や店舗などの経営を継ぐという選択をしたがらなくなりました。

バブル崩壊、ITバブル崩壊、リーマンショックを必死に乗り越えてくる中で、社長たちの中にも、子供たちに無理に会社を引き継いでもらいたくはないという意識が広がりました。その結果、新陳代謝《しんちんたいしゃ》が進まず、１９９０年の平均年齢54・０歳から、現在は同59・３歳へと、日本の社長の平均年齢は高齢化の一途を辿っていったのです。ボリュームゾーンでは60歳から69歳といわれています。

２０１７年10月６日付の日本経済新聞に目を通していたところ、強い衝撃を受けました。そこには、「痛くない注射針」で有名になった岡野工業の岡野雅行《おかのまさゆき》さん（84歳）が、黒字にもかかわらず、後継者がいないことを理由に２年後をめどに廃業を決めた、という記事が載っていました。岡野さんは、15年ほど前にはメディアに頻繁に取り上げられ、たくさんの著書を刊行し、まさに「中小企業の星」というべき存在でした。その素晴らしい技術は「日本の財産」です。なんとか会社を存続させていただきたいのですが……。

それほどの優良企業でも、後継者がいないというのが日本の現実なのです。

経済産業省の内部試算では、このまま黒字廃業を放置すれば２０２５年ごろまでの累計で、約６５０万人の雇用と、約22兆円の国内総生産（ＧＤＰ）が減少するとされています。10年以内に就業人口の10％の雇用が失われるという、日本全体にとっても大きな問題が横たわっているのです。

今や事業承継が進まないことが、その会社のみならず、日本社会、日本経済全体の課題になりつつあります。後述しますが、この課題に対応すべく、国は事業承継の促進のためのさまざまな施策を打ち出してきています。

黒字企業でも従業員ではムリ！

さて、中小企業、とくに小規模企業が後継者不足なのは理解できたとしても、その中に、本当に買うべき優良な中小企業があるのでしょうか。そもそも、良い会社ならば、息子が跡を継がなくても、たたき上げの社員が後継者になりたがるものなのではないでしょうか。

親族に跡継ぎがいない場合、次に従業員が事業承継者の候補に挙がりますが、それも簡単ではありません。なぜなら、中小企業の多くは社長がワンマン経営を行っていて、従業員は単純な業務しか任されていないケースが多いからです。

前章で、中小企業の社長は、大企業の社員のような最新のマネジメント教育を受けていない、という話をしました。従業員はなおさらです。社長の右腕として、財務および管理業務全般を任されていた番頭のような人物を除けば、従業員たちにはほぼ、経営能力はないと思っていいでしょう。「腕のいい職人」がいたとしても、経営全般を任せられるわけではないのです。

一方の従業員の側も、「社長になるなんてとんでもない！　そんな気はまったくない。できるわけがない」という人ばかりです。

こうした場合、健全経営で財務状態は良好、今後も事業継続が可能だとしても、「社長が亡くなるか、働けなくなれば廃業」という道を辿るしかありません。そんな中小企業が日本中に星の数ほどあるのです。実際、私たち投資ファンドにもこうしたケースの相談がよく舞い込んできます。曰く、社長が亡くなったので、急遽《きゅうきょ》、奥さんが遺産相続をした。しかし会社の経営などできるはずもなく、すぐに会社を売却したい――。

業績が低迷し、資金繰りも悪化して将来の展望も見出せないような企業だけが廃業していくわけではありません。財務状態は悪くなく、当面の資金繰りにも問題がないのに、後継者や買い手がいないので廃業せざるを得ない……という会社は想像以上に多く存在します。

いわずもがなのことですが、廃業という選択はできる限り避けるべきです。従業員は解雇されて家族ともども路頭に迷います。顧客や仕入れ先など取引先にも迷惑がかかり、連鎖倒産のリスクが高まります。そうした事態は、地域経済に対する影響も大きいことから、従業員も、取引先も、取引銀行も、地方自治体も、国も、誰も望んでいません。

また、営業を停止して、会社の資産と負債を清算することは、なにより社長本人に大きなデメ

休廃業・解散件数、倒産件数の推移

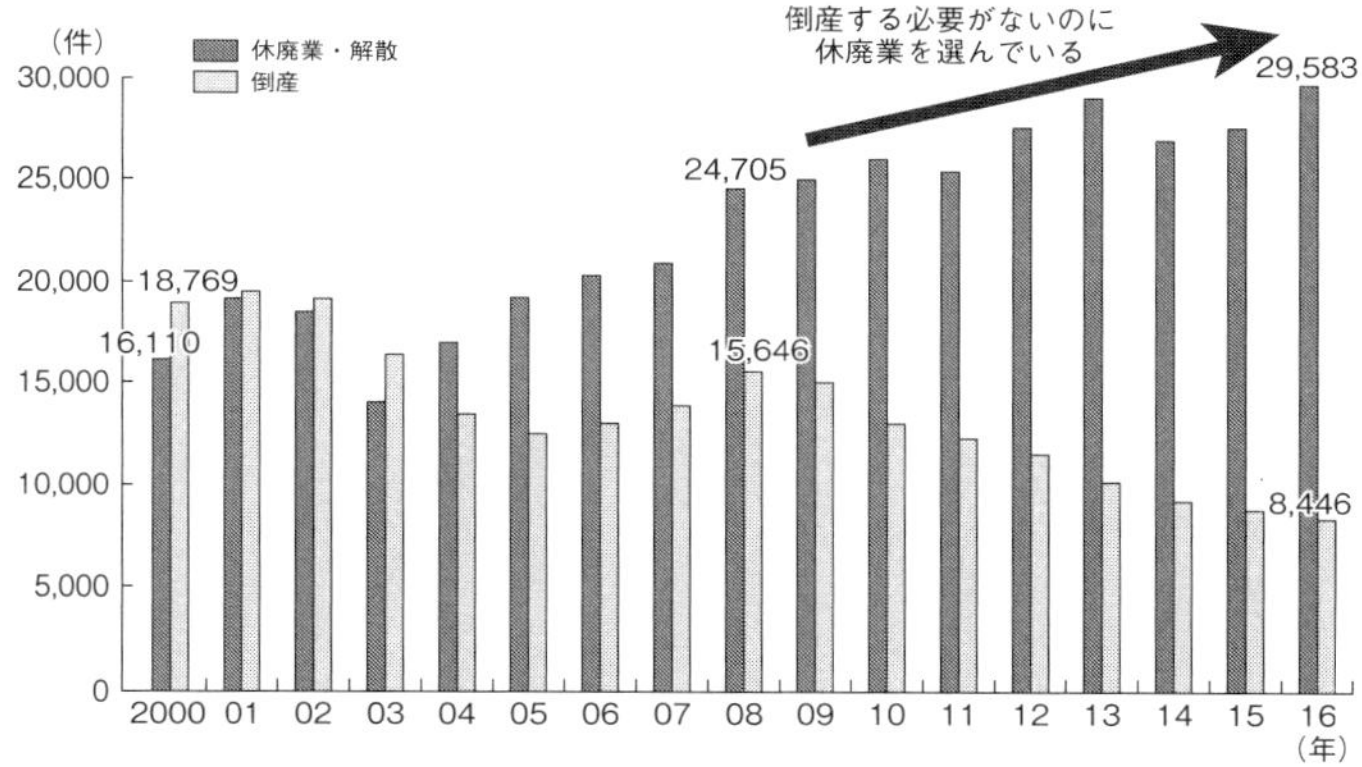

資料：(株) 東京商工リサーチ「2016年『休廃業・解散企業』動向調査」
(注) 1. 休廃業とは、特段の手続きをとらず、資産が負債を上回る資産超過状態で事業を停止すること。
2. 解散とは、事業を停止し、企業の法人格を消滅させるために必要な清算手続きに入った状態になること。基本的には、資産超過状態だが、解散後に債務超過状態であることが判明し、倒産として再集計されることもある。
3. 倒産とは、企業が債務の支払不能に陥ったり、経済活動を続けることが困難になった状態となること。私的整理（取引停止処分、内整理）も倒産に含まれる。

中小企業白書2017をもとに一部加工

リットをもたらします。事業継続を前提としない会社のバランスシート上の資産価値は大幅に目減りしてしまうからです。

まず、商品在庫や仕掛品《しかかり》は、会社が存在しなければ保証がつかないことから売り物にならなくなり、価値を失います。現金問屋が、販売価格の1割程度で買ってくれれば御《おん》の字《じ》です。設備も、中古業者や同業他社が安価で買ってくれるかもしれませんが、ほとんどの価値は消滅します。自社物件である建物も、「そのまま居抜きで譲《ゆず》って欲しい」というラッキーな話でも飛び込んでこない限り、撤去費用がかかって、資産どころか負債へと変貌《へんぼう》を遂《と》げてしまいます。

土地は売却、または返却するために、更地にしなければなりません。土地を所有していても、莫大な費用がかかって売却金額より撤去費用のほうが高くつくこともあります。

こうして、最終的に資産として残るものは微々《びび》たるものであることが一般的なのです。

一方で、負債はそのまま残ります。銀行からの借り入れは、当然、即時返済を求められます。会社の資産で足りなければ、社長に個人保証の履行《りこう》を求めてきます。住んでいる家が「借金のカタ」に入っていれば、自宅を追い出されてしまいかねません（なお、後述しますが、今後会社の社長になる人は、金融機関からの借り入れの返済に関して、社長個人が保証する「個人保証」をしなくてもよくなります）。

たとえ黒字経営の企業であっても、清算すると負債が残るという会社は意外に多いのです。自分の死後、子供たちに財産を相続させるどころか、億単位の借金を残してしまうことにもなりかねません。

このようなことから、後継者のいない社長にとって、相応の金額で買ってくれ、事業を大事に引き継いでくれるよい買い手は渡りに船の存在です。そのまま売却するなどして事業承継できれば、商品在庫も部品在庫も、稼働している設備も建物も、その後も会社の生きた資産として価値を持ち、買い手側は買い手側で、それら資産から売り上げや利益を創出することができるのです。まさに需給のバランスが取れた「ウィン-ウィン」の関係です。

そこで事業承継の最後にして最良の選択肢。それがM&A――「会社売買」なのです。こうした背景から今、非常に多くの社長が会社の売却先を探している、というわけです。

ということで、疑問①に対する答えとしては、「確かに価値を失い、寿命を迎える企業もあります。しかし現在は、黒字でも（価値があっても）〝さまざまな理由〟で廃業を余儀《よぎ》なくされている会社が多い」です。

優良な会社は高くて手が出ない？

【疑問②】
ポテンシャルの高い企業なら、何かの理由で売りに出されるとしても、サラリーマンの自分に買える金額であるはずがない。魅力的に聞こえるが、縁のない話だ。

そう考えるのは普通だと思います。しかし、会社の値段の決まり方は複雑で、それなりの知識と情報感度が高ければ、数百万円でも優良企業を買うことができます。

通常の商取引において商品の値段は、例外なく需要と供給のバランスに影響を受けます。売りたい人が多くいて、買いたい人が少なければ価格は下がります。供給に対して需要が少なければ、買い手はいいものをより安く買えるわけです。

現在の日本の中小企業をめぐる状況は、前述の通り、黒字廃業が多い状況ですから、いい意味での「買い手市場」なのです。

売り手にとっては、会社が高く売れるに越したことはありません。しかし、高齢社長にはあまり時間が残されていません。めぼしい後継者もいないとなれば、自分が元気なうちに会社を継承しなければ、たいへんです。先述の社長がお亡くなりになった会社のケースのように、「もはや安くても仕方ない」という現実が迫っています。

基本的に「モノ」というものは、一度人に使われると価値が損なわれます。中古品は一般的に価格は下がります。中古、リサイクル品、USEDはクオリティの高さは間違いなくても、安価でお値打ち。

一方でまれに、時間が経つごとに価値が上昇するものがあります。たとえば、昔の技術で作られ、現在では製造できない製品。あるいは、時間が経つほどに、価値そのものが高くなっていく製品などです。たとえば時計やカメラ、車にそうしたものがあります。

時を重ねて良くなっていくことを「**エイジング**」と呼びます。

材料の木が素晴らしく、よい環境で保存されたヴァイオリンやギターは、何十年、何百年という年月を重ねるごとに木の繊維《せんい》が徐々に詰まり、樹液が変質し、よりクリアで大きな音が鳴るようになるそうです。ワインやウイスキーなどは、年を経るごとに熟成が進み、角が取れてまろやかで深みのある味になり、香りも華やかになり、値が上がっていきます。

このように希少価値が高く、多くの人が欲しがるものを「**ヴィンテージ**」といいます。

創業１００年、２００年、ひょっとすると１０００年と歴史を重ねた老舗《しにせ》企業は、それだけの長い間、世の中に認められる不変の価値を提供し続けた存在です。製品のようなモノではありませんが、まさしくヴィンテージ。私は「**ヴィンテージ企業**」と呼んでさしつかえないと考えています。

日本には世界に12社しかない創業１０００年企業のうち７社が集中しているといいます。宮大工、華道、旅館、鋳物、仏具等々の老舗企業が並びますが、ヴィンテージ企業であると同時に、その存在自体がすでに「ブランド」です。

ヴィンテージ企業の価値

しかし、非常に価値の高いはずのヴィンテージものも、売りに出されていることがオープンにならないと値段がつきません。

たとえば、屋根裏の倉庫で静かに眠っているヴィンテージの時計は、売りに出されて買い手の前に示されなければ、値段はつきませんよね。また、本当の価値が見逃されていて、価値を知る人とのマッチングが成立せず、不当に安い価格で売りに出されていることもあります。将来、「お宝」鑑定の番組に出られるようなパターンです。

あるいは、売り手が価値を知っていても、現金が欲しいために仕方なく叩き売りしているケースなどもあるかもしれません。

これと同じで、中小企業も完全オープンに売りに出されることはありません。「**身売り**」という表現があるように、会社の売却は前向きに受け止められないことがまだ多いからです。加えて、中小企業の買い手は、売りたい会社数に比べ、まだまだ少ない状況です。

つまり、売却情報が広く流通することもなく、その本当の企業価値を知る人とのマッチングもしにくい。結果として、中小企業の売買は適正な価格で行われないケースが多いのです。相対《あいたい》の取引で、買い手の意向も汲《く》み取りながら値段が決定されていく。社長が病気になったり、お亡くなりになったりすると、叩き売りの状態になったりします。

実際に、以前、私が投資して売却した先では、1社の売却先と独占交渉をしていたら値段が5億円としか評価されなかったことから、300社ほどに広く声をかけて入札形式にしたところ、

10億円の評価になったケースがあります。逆にいえば、うまく割安に評価されている会社と巡り会えば、思ったより安く会社を買うことができるのです。

今は、中小企業のM＆A市場ができつつある状態ですが、まだまだ不十分ですから、そこには売り手と買い手において情報の非対称性が存在します。また、売り物が多く、買い手が少ないために、平均的に本来の価値よりも安くなっています。加えて、中小企業を買う人の目線が、売却企業が保有する土地や建物などの資産価値が中心の評価になっており、企業が生み出すキャッシュフローを適切に評価できていないことも多く、うまく評価ができれば、割安で会社を買うことは十分可能です。

どう値段をつけるかという大問題

では、M＆A市場において、中小企業の価値はどのように計られているのでしょうか。これが実は、明確な目安が存在しないのです。

「これぐらいの金額で売って欲しい」

「これぐらいで買いたい」

と、金額が折り合えば、それで決まってしまいます。企業価値に対して高いか安いかではなく、「いくら欲しい」「いくらなら出せる（銀行も買収資金を貸してくれる）」という、とても原始的な取引が普通なのです。

ただ、M&Aに慣れている企業では、それなりの計算式もあります。よくあるのは、バランスシート上の「資産」から「負債」を引いた「純資産」に、営業利益の3年分から5年分を足した合計金額をベースにすることです。これは、銀行から融資を受けて適正な期間で返済できる金額を基準に価格を算定しているのです。

資産には、会社が持っている現金、預金、有価証券や、売掛金、商品、設備、建物、土地といったものがあります。一方、負債には買掛金や借入金などがあります。

資産を実態評価すると、純資産が「ほとんどない」という中小企業も珍しくありません。建物、設備は買ってから時間が経っているので、帳簿上の資産評価より低く評価されますし、不良在庫などもあります。銀行から設備投資や運転資金の借り入れをしていると、純資産はゼロまたはマイナスということもありえます。

仮に純資産がゼロで、売上高1億円、営業利益が500万円の企業ならば、1500万円くらいで会社が買えることになります。さらに、純資産がゼロで、売上高1億円、営業利益が100万円の企業ならば、300万〜500万円で会社が買えます。これなら車を買うくらいの金額ですね。

このくらいの規模の会社だと、社長一人が多くをこなさないといけないサイズ感ですが、それでも役員報酬を１０００万円もらえて、ある程度自由に使える経費が５００万円あるとしたらどうでしょう。この会社を「安い」と思いますか、「高い」と思いますか。

もっといえば、純資産がマイナス、つまり資産よりも負債のほうが大きい会社なら、「タダでもいいから、買って負債を肩代わりしてくれ」という話になります。

私たちの投資ファンドが投資検討していた会社でも、売上高20億円で利益が数千万円出ているのに、「株価1円でもいいから買い取って欲しい」と言われたところがありました。このまま廃業となると、工場などの撤去費用がかかるなどの理由からです（このような費用は会計上、偶発債務という負債として認識されます）。

一般的には、黒字でも負債が大きい会社を買うのは、「リスクが大きくて嫌だ」と感じる人が多いかもしれません。もちろん避けてもいいのですが、企業経営に借入金はあって当たり前の存在です。日本社会では、借入金が悪いもののように捉えられている節もありますが、実際にはそんなことはありません。

目安として、税引き後利益を銀行への返済に回すと考えれば、５年程度で返済できるくらいの借入金であれば、企業の経営としてはまったく問題はありません（安定的なキャッシュフローがあることが大前提です）。

むしろ、企業の買収価格を査定する際に、5年間で返済できる見込みのある負債が資産の金額を相殺してくれて、純資産をゼロにしてくれるのであれば、買収の際の自己資金の持ち出しが減ります。株式譲渡の金額を事実上借入金でまかない、事業から生み出される将来の利益で返済することになるわけですから、自己資金がない人にとっては有利と考えられます（後述しますが、こういう買収の仕方〈概念〉を「**LBO**（Leveraged《レバレッジド》 Buyout《バイアウト》）投資」といいます）。そのような会社であれば、業績が良いのに安く買うことができる可能性が高いのです。

あるいは、買収を検討している会社が、10年程度で返済できないくらいの銀行からの借り入れがあり、業績の良いAという事業と、業績の悪いBという事業を運営していたとします。そして、あなたが欲しいのはA事業だけ。そんなときは会社をそのまま買うのではなく、いったん自分で別会社を作り、業績の良いA事業だけを新会社に事業譲渡して借入金を切り離し、旧会社は業績の悪いB事業と借入金とともに廃業してもらう方法もあります（これを「**第二会社方式**」といいます）。

旧会社は、銀行にA事業の売却代金としていくらかの金額を返済し、B事業と残りの借入金を抱えたまま清算することで、事実上、借入金をゼロにしてもらうことができます。A事業とB事業が一体となった旧会社のままで赤字が続けば、やがて旧会社が潰《つぶ》れて融資が全額焦げつく可能性があります。銀行も、そうした状況は避けたいと考えるのが普通です。A事業の事業譲渡代金で何割かでも返してもらえたほうがいいと、借入金の事実上の割引を判断してくれるのです。

このスキームは、借入金が大きい会社をスムーズに事業承継させるための仕組みとして、中小企業庁が創設しました。少しテクニカルではありますが、とりわけ難しいやり方ではありません。条件さえ合えば、専門家と協議しながら進めると問題なく実行することができます。

ということで、疑問②に対する答えとしては、「情報の非対称性をうまく使い、割安の会社を見つけ出し、これに借入金の概念をうまく使えば、自己資金がなくとも優良企業を買うことはできる」といえます。

売りに出る会社には未来がない？

【疑問③】
自分がいる産業は、ＩＴの進化やＡＩに取って代わられて、これからどんどん仕事がなくなるといわれている。事実、市場規模は縮小傾向だ。そんな落ち目の産業の会社を買っても未来はないのではないか？

その一面だけを捉えれば、たしかに「難しい」と感じるかもしれません。しかし、会社というベースがあれば、時流に沿った事業への転換を図《はか》ることも可能です。

有名な経営学の市場分析手法に、「**プロダクト・ポートフォリオ・マネジメント**」というものがあります。商品の市場占有率と成長率を見ながら、保有する商品やサービスへの投下資源の量を変えていくというものです。この中に「**金のなる木**」という考え方があります。企業が有する商品サービスの中で、投資の時期が終わり、追加投資せずとも利益を生んでいく商品サービスのことです。

たとえば、Apple社でいえばiPhoneです。発売から10年が過ぎ、製品のトライ・アンド・エラーは終わり、市場にも完全に浸透していることから、昔ほど広告や開発費を投下せずとも利益を生んでくれます。この「金のなる木」から生み出される利益をもとに、Apple WatchやApple TV、Apple PayやiPadなど、さまざまな商品サービスを開発し、市場へ投入することで、次なる「金のなる木」を育てているのです。

中小企業は、事業自体がまさにこの状態にあります。とくに何かアクションをせずとも、利益を生んでいる状態です。であるならば、その事業が有する経営資源をもとに、新しい事業展開へ打って出ていくマインドを持てば、次なる「金のなる木」を作ることができるといえます。多少、落ち目の市場であっても、ゼロイチ起業から見れば、経営資源があるうえに、すでに利益を生んでいるだけプラスなのです。

20年ほど前までは、フィルム現像・写真のプリント専門店、いわゆる「現像屋さん」がたくさんありました。かつては、現在のコンビニエンスストアと同じくらい身近でした。それが今、世の中からどんどんなくなっています。デジタルカメラの普及によって、フィルム現像・写真プリントという一つの産業そのものが、ほぼ消滅したのです。

このように、人々の生活のあり方が変わることでニーズが大幅に縮小したり、新しいテクノロジーの出現やＡＩの導入で、従来はプロにしかできなかった仕事が簡便化されたり、法律改正で市場が開放されて新しいプレイヤーが参入したりして、産業構造そのものが大きく変わることがあります。

それはしかし、家電の世界であれ、ＩＴの世界であれ、どんな産業でも起きうることです。

たとえば、インターネットの発達によって１９９０年代後半からホームページのニーズが非常に大きくなり、ホームページ制作という産業が爆発的に大きくなりました。一つの企業のホームページを制作するのに数百万円から数千万円もかかるのが普通でした。デザインがよく、申し込みフォームや買い物などの機能がついたホームページを作るためには、ウェブデザイナーとプログラマーのプロフェッショナルな技術が必要だったためです。

しかし、時代が変わり、いまや素人でも、少しのセンスと熱心さがあれば、プログラムのコードがいっさい書けなくても、ハイセンスで多機能なホームページが簡単に作れるようになりました。

たとえば、イスラエルのＷｉｘというウェブ制作プラットフォームを提供している会社があります。この企業が提供するサービスを使えば、大量のサンプルの中から好きなサイトを選択し、基本的にドラッグ&ドロップの操作で、ものすごく格好いいサイトがあっという間に作れます。しかも無料です（アップグレードすると有料になります）。

また、日本のＢＡＳＥという会社は、お洒落《しゃれ》なネットショップを誰でも簡単に無料で作れる仕組みを提供しています。カード決済で、利用料金として売り上げの数％のマージンを支払えばよいので、小さな商店でも、趣味で小物を作っているような人でも、初期投資なしにネット通販に参入することができます。

ほかにも、個人事業主と顧客をインターネット上で結びつけるクラウドサービスがどんどん拡大しています。簡単なホームページであれば、クラウドワークスやランサーズといった個人事業主への業務発注を取りまとめているサービスを利用して、非常に安価に作れます。10年前の10分の1くらいの値段が相場になってきています。

このようなサービスが次々誕生していったことで、ホームページの制作代行をするだけのウェブ制作会社は、それだけでは生き残れなくなっていきます。

もちろん、大企業のホームページはセキュリティの問題や基幹システムと連携する必要性もあり、今後も制作会社の仕事であり続けると思います。しかし、中小企業のホームページは今後、ウェブ制作会社の仕事ではなくなるでしょう。

産業というものは、人々の生活のあり方が変わることによってニーズが縮小し、あるいは新しいテクノロジーの出現やＡＩの導入、法律の改正などによってサービスの形が変わることがあります。それでも、完全に消滅することはまれです。業態が変化して生き残っていくものだからです。

技術・ノウハウの横移動を

ここで重要なのは、人々のニーズをよく見ることです。

フィルム現像という産業が消滅したからといって、写真を撮りたい、人に見せたい、後から見返したいというニーズが消滅したわけではありません。フィルム現像＋印画紙にプリントして保存するという手段が、デジタル写真＋メモリーに保存してパソコンやスマホのモニターで見るという手段に入れ替わっただけです。

むしろ、スマホの登場により、シャッターを押す回数は増えてきています。あまりにシャッター回数が多く、写真が整理できないことから、撮った写真をＡＩで解析し、自動的にアルバムを作成するイヤーアルバムというサービスも生まれてきているくらいです。

ホームページ制作代行という産業が消滅する話も、今では、スマホアプリやＩｏＴ時代を迎え、大量のプログラミングが必要となったことから、ホームページを作っていた「技術者」が必要とされ、技術者を多く抱えたホームページ制作会社の買収が行われていたりします。つまり、今ある会社の資源を、どのように社会的な付加価値を生むところに投下するかが大切なのです。その方法は常に変化していきます。

会社というチームを抱えているなら、既存の産業が一つ縮小するとしても、そうしたニーズの変化を捉え、新しいニーズに対して新しいサービスを提供していけばよいのです。他の企業に先んじていち早く変容すれば、その分野の勝ち組になることも不可能ではありません。あのトヨタでさえも、もともとは自動織機の会社だったのですから。

じわじわと縮小する市場では、既存のプレイヤーは、うまくいっていたところほど思考停止に陥《おちい》ります。そして、変化をしようとしなくなります。なぜなら、成功体験があればあるほど、その事業に固執《こしつ》し、新しいことに挑戦しようとするマインド、意欲が生まれにくくなるからです。

既存のプレイヤーは、いつしか現状維持が目標になり、ひたすら「耐える経営」に陥っていきます。変化しないまま、何十年も昔の経営を延々と続けていたりします。当然、跡を継ぐ者はおらず、やがて廃業していくことになります。それこそ、「自分の代でおしまい」という会社ばかりになるのです。

そうした企業の経営は、往々にして前近代的なものばかりです。前述の通り、手書きの帳票と電話とファクシミリで仕事をしているような会社ばかりです。業務改善や経営改善の意識自体がない会社がほとんどなのです。

このような企業を相手に勝ち残ることは、それほど難しいことではありません。みんなが変化を嫌っている市場では、少しの工夫と変化をすることで圧倒的な先行者になりやすいからです。それこそ、異分野の新しい産業では当たり前にやっていることを古い産業に導入するだけで、簡単に勝てたりするのです。

たとえば、次のような実例があります。

畳張り替えの町工場が大変身！

兵庫県伊丹《いたみ》市に、ＴＴＮコーポレーションという超成長企業があります。この会社は、関東、関西、中部に合わせて11拠点、従業員４５０人、売上高65億円で、業界シェアナンバーワン。ところが面白いことには、この会社は20年ほど前まで、１階が工場で２階が住居、現社長の祖母と父・母の３人で営む、家内制手工業の「典型的な町工場」でしかありませんでした。

いったい何の会社かというと、畳の張り替えサービスの会社です。ものすごくレトロな産業です。

畳産業は、全体ではものすごく縮小しています。誰でもわかると思いますが、畳のニーズは減り続けています。かつて、日本の住宅は畳ばかりでしたが、今ではどんどんフローリングに取って代わられています。マンションやアパートはもちろん、戸建て住宅でも、畳の部屋は今や一部屋あるかないかです。

畳の表面材である畳表《たたみおもて》の市場は、１９９３年は４５００万畳でしたが、現在は１５００万畳へと、25年で3分の1に減少しています。完全なる斜陽《しゃよう》産業です。

では、なぜＴＴＮコーポレーションは縮小する市場の中で大成功を収めたのでしょうか。

成功の秘密はものすごくシンプルでした。24時間営業を始めたのです。

深夜の畳の張り替えニーズは、個人の住宅ではなく、飲食店にありました。和食系のファミリーレストランや居酒屋チェーンのニーズです。

きっかけは、あるファミリーレストランチェーン社長の「夜中にできへんの？」というぼやき。ファミリーレストランは、深夜に営業を終え、朝11時に営業を始めますが、「その間に畳の張り替えをしてほしい」というニーズがあったのです。

ところが、深夜対応をする畳屋さんはそれまで1社もありませんでした。畳職人さんは昼間しか働かないからです。そのためファミリーレストランは、畳が汚れたり擦《す》り切れたりしても、ギリギリまで我慢して、どうしても替えないといけなくなったら休業して張り替えを依頼していたそうです。

そこでTTNコーポレーションは、レストランの営業が終わった夜11時や12時に畳を取りに行き、夜中に工場で張り替えて、翌日の午前中に畳を届けて設置するというサービスを始めました。すると、たちまち注文が殺到《さっとう》するようになりました。

同社は、夜間の畳張り替えサービスを実現するために、銀行から億単位の借り入れをしました。そうして、1枚あたり30分で張り替えができる工業化された生産ラインを作ったのです。小さな畳店としては大勝負だったことでしょう。しかし、これにより同社は大きなニーズを摑《つか》み、業界の圧倒的な勝者になったのです。

他の産業を見れば、24時間稼働するサービスは、とりわけ珍しいものではありません。全国にこれだけ飲食チェーンが広がる中で、そのニーズに気づいていた人は多かったはずです。しかし、市場が縮小する中、既存のやり方を変えて新しいマーケットを創造しようとする会社はほかにありませんでした。文字通り「**ブルーオーシャン**（競争相手のいない未開拓の市場）」になったのです。

産業構造の変化はイノベーション

このＴＴＮコーポレーションの事例を見て、同じエリアで同じように別の畳屋さんが24時間営業を始めても、もう難しいでしょう。市場のパイはそこまで大きくなく、ほとんどＴＴＮコーポレーションに押さえられていることから、勝てる要素のない市場に相応の設備投資はしにくいからです。

縮小市場には、新規の参入者は登場しません。むしろ退出企業のほうが多いはずです。いつの間にか競争原理が働かなくなってきます。そこで少しだけ経営改善すれば、圧倒的に成功し、成長できる可能性が広がります。

こういったケースを「**残存者利益を獲得する**」といいます。

産業構造が変化していく中で、新しい勝利の方程式、新しい産業を見つけた企業だけが勝利を収めます。

長年大企業に勤務して、勝利のマネジメントモデル、顧客本位のマーケティングを知っている人であれば、ＴＴＮコーポレーションのような業態変化にいくつも出会えているはずです。あとは、経営に関する情報感度を上げ、当然のようにやるべきことを実行するだけです。

最先端のテクノロジー産業など、大きく成長している産業では、日進月歩の先進的な取り組み、競争が苛烈《かれつ》になっています。資金力がものをいう世界でもあります。そうした産業に挑むより、むしろ落ち目に見える産業にこそ、あなたが経験してきた経営ノウハウを生かせる場所があり、そのほうがはるかに成功の可能性が高い、と私は思います。

この第4章のタイトルに戻りますが、今の日本には、会社を売りたがっている中小企業の社長が無数にいます。大廃業時代を迎え、これからの10年間で、１００万社近い中小企業が廃業するという予測も出ています。完全に買い手市場であり、選り取り見取りです。そして、あなたが持つ最新のマネジメント法を導入すれば、古色蒼然《こしょくそうぜん》に見える会社が、たちまち金の卵へと変化しうるのです。ＴＴＮコーポレーションのように。

疑問③に対する答えとしては、「縮小均衡の業界でも、すでに事業が回っている会社であれば、その事業の延長線上にある、時流に沿った市場へ資源を投下すれば良い」ということになります。

とはいえ、経営状態が悪く、社員の質も低く、「買うべきではない会社」もたくさんあります。その中で、どの産業のどの企業を買えばいいのかの目利きは絶対的に必要です。ポテンシャルよりもはるかに価値が低く評価されている宝石のようなヴィンテージ企業を見極めることができるかどうかです。あなたが真剣に探せば、必ず見つかります。その見つけ方や買い方を第5章にてご説明します。

第5章　「大廃業時代」はサラリーマンの大チャンス

準備は40～50代にスタートすべし

ここまでお読みいただき、ありがとうございました。ビジネスキャリアの後半で「中小企業を買収する」という選択肢が、あなたのライフプランの一つとして存在することをご理解いただけたとすれば、嬉しく思います。

いよいよM&Aを本気で検討する場合、年齢はやはり、遅すぎないほうがよいでしょう。

読者の中にはすでに定年に近い方もいるはずです。もちろん、意欲と体力があれば60歳から社長になるのでもまったく構いませんが、企業を探し、相場を調べ、必要に応じてマネジメントの勉強を始めるのは、早いに越したことはありません。

準備のことを考えると、60～65歳でいったん定年退職し、延長雇用になってから探し始めるのではさすがに遅い！　エネルギーと自信に満ち溢《あふ》れているうちに会社を探し、なるべくなら現役のあいだに買収を実行したほうがいいと思います（買収のお金の問題などは、後で詳しくお伝えします）。

本当は、社長としてのキャリアをスタートするタイミングは、中間管理職としてある程度の経験を積み、ビジネスマンとして脂《あぶら》の乗り切った40代後半から50代半ばぐらいまでが理想だと思います。

実際に株式を買い取るのは、退職金を手にしてからでもかまいません。しかし、その場合でも、定年退職する数年前から相手企業と交渉を開始し、定年退職後なるべく早いうちに経営を始めたほうがよいでしょう。

「少しゆっくりしたいから」などと一度引退してしまうと、これまで自身が培《つちか》ってきた業界のネットワークや生きた情報、現場勘を殺してしまうことにもなりかねませんし、なにより気力、体力が落ちてしまうのでおすすめできません。

会社の売却情報をどう入手するか

それでも、一つの大きな疑問が残ります。

早めにスタートするのはいいとして、そもそも会社の「**売り案件**」情報は、どこでどうやって手に入れればいいの？　と。

証券会社や銀行の社員でもない限り、一般会社員の普段の生活の中では、そのような情報はほとんど入ってこないかもしれません。

会社を買うことを考え、準備を進めようにも、世の中にどんな会社が売りに出ているのかがわからなければ、検討のしようがありません。

しかしながら、新聞の紙面を賑《にぎ》わすような大きな買収でなくても、たとえば自分が長年働いていた業界の中なら、人づてや業界新聞で「○○事業を展開するA社をB社が買収した」といったM&Aの情報が入ってくることはあるはずです。ただ、「A社の社長が会社を売りたがっている」「B社がA社に買収を打診している」といった買収前のディープな情報は、普通にサラリーマンとして会社に勤めているだけでは、なかなか触れることはできないでしょう。

この〝事前情報〟をなんとか入手しない限り、個人でいい会社をいい形で買うことは難しいでしょう。

それでは、いったいどうすれば「売り案件」の事前情報が得られるのでしょうか。

売却情報はトップシークレット

かつて、こうした会社の売買情報は極秘情報《トップシークレット》でした。

前章でも少し書きましたが、オーナー社長が会社を売ることは、〝身売り〟といわれ、ネガティブなイメージがつきまとう時代が長く続きました。経営が順調なら、親族の誰かが跡を継《つ》ぐのが当たり前で、「社長が会社を売却したがっている」イコール「会社が傾いているのではないか」と疑われたのです。

また、放漫《ほうまん》経営で本当に経営が傾き、跡継ぎもいないなら、業績のいい同業他社か取引先に買収話を持ち込む以外にありません。同業者が規模を拡大する「水平統合」か、前後の工程の会社が買収して一貫体制を作る「垂直統合」のどちらかしか、赤字企業を買うメリットを見出せないからです。

しかしこの場合、売られる会社の社員たちはどうでしょうか。取引先ならばまだしも、昨日まで競い合い、時にはいがみ合ってきたライバル社に買収されることほど屈辱的なことはありません。しかも相手は当然、統合を機に効率化のためにリストラを考えますから、社員は、自分か仲間の誰かが首を切られる可能性がきわめて高いと気づきます。

ですから、そんな噂が流れたら社内はたちまち疑心暗鬼。へたをすればパニックに陥《おちい》ることでしょう。

このような情報が漏れると取引先は手を引き、売掛金の回収に走るかもしれません。銀行は貸し剝《は》がしに動くかもしれません。日々の業務はストップし、企業価値は暴落。高く売れるはずが、すべてが水の泡、なんてことも。

企業の売却情報は、そうした起こりうるさまざまなリスクを避けるために〝トップシークレット〟扱いでした。

そのため、かつて会社を〝売りたい〟社長は、社員や取引先、ライバル会社、取引銀行にいっさい気づかれないよう、自分の伝手《つて》や自分の足を使って、買ってくれる会社を見つけるか、つながりのある経営者仲間や、証券会社や取引のない銀行にこっそり相談し、買ってくれそうな会社を探してもらうしかありませんでした。よって、同業または隣接する産業の企業の社長か、よほどの資産家でもない限り、個人が会社の「売り案件」情報を得ることができずにいたのは当然なのです。

ハゲタカから友好的買収へ

しかし時代は、身売りからM&Aへと変わりました。

かつてM&Aといえば、「**ハゲタカファンド**」の代名詞として揶揄《やゆ》されたものです。海外の投機的な投資ファンドやライバル会社などが、現経営陣の承諾なしにこっそり株を買い占めて経営権を奪い取る〝**敵対的買収**〟などがニュースで多く流れたことから、ネガティブなイメージが強いものとなっていましたが、今ではすっかり様変わりしています。

また、実際のM&Aの現場では、業界再編の一環としてシェアを拡大するための双方合意の合併や、ベンチャー経営者の**エグジット**（出口戦略）の手段の一つとして大手の子会社に入る〝**友好的買収**〟がほとんどなのです。

しかも、M&Aというと「大企業がするもの」という印象だったものが、今や「**大廃業時代**」

を迎えるにあたって、**「中小企業の事業承継としてのM&A」**が世の中に広く認知されるようになってきました。とくに２０１７年の後半から、経済新聞、ビジネス雑誌で見かけない日はないほどの「バズワード」になっています。

M&Aが一般化した背景として、中小企業を専門にしたM&A仲介会社の存在があります。この10年から20年くらいのあいだに業務を拡大させてきた彼らは、敵対的買収を仕掛けるのではなく、友好的買収をコーディネートする仲介事業を行っています。

このM&A仲介の仕組みは、不動産仲介会社とよく似ています。売り手と買い手のマッチング、価格交渉や条件交渉の仲介、契約書作成のアドバイスなどが主な業務。仲介会社にもよりますが、売り手と買い手のあいだに入って双方からアドバイス料や、案件を進めるうえでの着手金、買収が成就した際の成功報酬として仲介手数料などを得る仕組みです。

業界最大手は、**「日本M&Aセンター」**です。ほかに、**「M&Aキャピタルパートナーズ」**、**「ストライク」**といった会社があります。この３社はいずれも東証一部上場企業。

上位３社で年間１０００件くらいのM&Aを手掛けていますが、それ以外にも証券会社などから独立した数名のメンバーでM&A仲介会社を立ち上げたり、会計事務所などがM&Aの部署を立ち上げたりと、今、たくさんのM&Aアドバイザー会社や仲介会社が生まれてきています。

インターネットで探せる時代に

時代の大きな変化と、インターネットが発達した結果、「売り案件」の情報は、昔ほど極秘のものではなくなりました。ネット上で売却を希望する会社の名称が公《おおやけ》にされることはありませんが、匿名で多数公開されています。まさしく不動産情報のように、誰でも簡単に仕入れることができるようになりました。

そのため、今や売り案件情報は、インターネットで誰でも見ることができます。

会社経営者の間では、こうした「ネットを通じた会社売買の情報流通」が浸透し始めてきており、個人が参加可能なものもあります。

ためしに、インターネットで「M&A　案件」と検索してみてください。M&A仲介会社等のサイトが多数、表示されるはずです。各社のサイトに行くと、まるで不動産情報サイトのように売り案件の一覧が載っているはずです。

たとえば、前出の「ストライク」が運営する「SMART」というサイトには、M&A譲渡希望として、以下のような企業の一覧が載っています（情報は執筆時のもの）。

・自動車販売業／直近売上高10億〜50億円／関東

・タクシー事業／直近売上高1億～5億円／関西
・腕時計の製造販売／直近売上高15億円～／関西
・介護事業／直近売上高1億円未満／関東
・歯科クリニック／直近売上高1億～5億円／関西3店舗
・海外での自動車卸売・代理店業／直近売上高5億～10億円／ロシア極東
・建設業・太陽光事業／直近売上高1億～5億円／東海
・ソフトウェア受託開発事業／直近売上高1億円以下／中部エリア
・水産加工業、水産食品販売業／直近売上高約6億円／北海道
・鋳造／直近売上高10億円／西日本

業種業態は多種多様。これを眺《なが》めているだけでも面白いです。

さらに詳細ページに進むと、直近売上高、従業員数、譲渡スキーム、譲渡理由、会社の特徴／強みなどが書かれています。

たとえば、「介護事業／直近売上高1億円未満／関東」と表示された会社の詳細を見ると、

業種分類　　介護・医療

業種　　　　介護事業
所在地　　　関東地方
直近売上高　1億円未満
従業員数　　10〜30名未満
売却希望額　応相談
譲渡スキーム　株式譲渡（100％）
譲渡理由　　事業の選択と集中
事業概要　　訪問介護、グループホーム、高齢者住宅を展開
特徴／強み
●追加の人材なく運営可能
●満室が続いており今後の安定収入が見込める
●近隣に競合が少ない

などと掲載されています。

会社名は伏せられ、簡単に特定されないよう、掲載情報には幅を持たせてありますが、登録の必要もなく誰でもアクセスすることができます。同業者ならば、この情報だけでもどのような会

社かおおよそ推測できますし、場合によっては特定することもできるかもしれません。十分、検討材料になると思います。

大廃業時代ならではのＭ＆Ａ仲介

これよりも詳しい情報も簡単に得られます。興味を持った会社があれば、サイトに個人情報を入力し、会員登録をすることでより詳しい情報を教えてもらえる仕組みになっているからです。

また、これらの仲介サイトには、ネット上には情報がオープンにされず、登録して初めて情報にアクセスできる会社もあります。

興味を持ち、具体的に購入を検討したいとなれば、Ｍ＆Ａ仲介会社と契約を結びます。すると社名を教えてもらうことができ、相手社長との面談、「**デューデリジェンス**」(Due diligence：**買収監査**＝１７９頁以降参照)、Ｍ＆Ａの交渉に入るといった流れになります。

いずれも、20年前までは一般の人には入手困難で、金融機関と同業会社、資産家だけが持ち得る情報でした。それが今では誰でもこんなに簡単にアクセスできるのです。

また、「大廃業時代」を解決するために、経済産業省が管轄する独立行政法人中小企業基盤整備機構が母体となって、各都道府県も事業承継に力を入れています。公的支援として各都道府県に「**事業引継ぎ支援センター**」が設置されており、全国の商工会議所等と連携して、地場企業の

M&Aの相談とマッチング、サポートを行っています。インターネットでお住まいの都道府県名および「事業引継ぎ」と入力し検索をしてみてください。事業引継ぎ支援センターのサイトが出てくるはずです。

前出のM&A仲介会社は、手数料ビジネスとして仲介を行っていますから、それなりの手数料が見込める会社を中心に取り扱っています。具体的には、売上高数億円から100億円程度の会社が多く、購入には数千万円から数億円規模の資金が必要となります。しかし、事業引継ぎ支援センターは、公共サービスであることから、なかには夫婦とアルバイトで回しているような売上高数千万円程度の会社など、数百万円で買える会社や「無料でもいいから引き継いで欲しい」という会社などまであります。

また、最近始まったウェブサービスで、実際の「会社売買のマッチング」がネット上で行われる「TRANBI」というサイトもあります。年商数百万円くらいの事業の売買もされていることから、まずはこのサイトから情報を取ってみるのも一手かもしれません。

いかがでしょうか。こうして見てみると、個人で会社を買収するという選択肢が、ぐっと身近に、かつ現実味を帯《お》びてきたように感じられるのではないでしょうか。

購入する会社の中身を見極める

とはいえ、見も知らぬ会社を買収するというのは、リスクを伴います。会社を買う場合は、本当にその会社が営業している事業内容が申告している通りなのか、入念に調査し、しっかり見極めなくてはいけません。

・帳簿に書かれていない負債（簿外負債）はないか。
・保有資産は、実態価格を反映しているのか。
・回収できそうにない売掛金はないか。
・在庫はきちんと帳簿通り存在するのか、不良在庫ではないか。
・土地建物の権利関係、賃貸契約は、法的に担保されているのか。
・法令違反または不正な会計はしていないか。
・係争中の事案はないか。
・クライアントとの関係は良好か。
・仕入れ先との関係は良好か。
・金融機関との関係は良好か。

・従業員との関係は良好か。
・従業員に残業代を含む給料をきちんと支払っているか。
・社会保障制度にはすべて加入しているか。
などなど、さまざまな側面から、一つひとつ確認していかなければいけません。

ここで気をつけなければいけないのは、中小企業は、大企業とは違うということです。すべてが完璧にクリーンで、法令に則して正しく運営できているという会社は珍しいのです。大企業でも、さまざまな不正や法令遵守違反が露呈している状況をみれば、肚落ちできるかと思います。中小企業の中には、社長しか知らない**「ブラックボックス」**の部分があることが普通です。だからこそ、きちんと調べ上げないといけません。

このような「ブラックボックス」の存在を会社を買う前に知っているのと知らないのとでは、雲泥《うんでい》の差です。これらを事前に知っていれば、自分が社長になってクリアできるかどうかを購入の判断基準にでき、また、そうした要素を活用し、逆に会社をより安く買うための価格交渉の材料に使うこともできます。

たとえば、財務諸表から試算し、2000万円で会社を売買する交渉をしていたとします。しかし調べてみると、この2年間で残業代を約500万円分、支払っていないことが発覚したとします。この会社は、今から2年前に、「残業は最長で夜8時まで」と社内通達を発令したため、8時以降の残業代を支払っていなかったのです。実際は業務が終わらず、8時以降も残って働いている従業員がいて、タイムカードにその記録が残っていたとします。

本来の目的は、労働時間を減らして労務を改善することだったのですが、逆に不当なサービス残業を生む結果となっていたのです。

そこで、この事実を社長に問いただすと、夜8時以降の残業は認識していたが、8時までに業務を終了するように社内通達を出していたので問題はない、というコメントが返ってきたとしましょう。

これは完全にNGです。

労働基準法上、残業代の未払い分は、当然支払わなくてはなりません。従業員が労働基準監督署に通報すれば、金額の計算もしてくれ、支払いを要求されます。しかも法的には、この支払いは買掛金の未払いや銀行の借入金などの返済より優先されます。

この会社では、それまでこの程度のサービス残業は許容範囲内だった可能性もあるでしょう。しかし時代は変わっています。残業代をきちんと払うことは会社の当然の責務です。ワタミ、電通、NHKの過労死問題が大きな社会問題となり、社会の目もかなり厳しくなっています。労働基準監督署も厳格化していますから、今後は必ず改めなくてはなりません。

そこで、こうした場合、買い手側は会社の評価額2000万円から未払いの残業代500万円を負債として差し引いて、1500万円で売ってもらうように交渉することができます。顕在化していないといえども、将来的に、あなたが社長になった後で従業員に500万円を支払わなければいけなくなる可能性が高いのですから、当然、売買交渉時に主張しておかなければいけない論点となります。

このように、売買が成立する前に、こうしたマイナス要素をすべてあぶり出すことは重要です。一度結んでしまった契約を差し戻すことはできませんし、売買代金を支払ってしまえば、瑕《か》疵《し》があっても取り返すのは著《いちじる》しく困難です。

これら企業の収益性やリスクなどを総合的かつ詳細に調査し、その価値を査定することも「デューデリジェンス」といいます。デューデリジェンスをいかに正確に詳細にすることができるかが、企業買収の肝《きも》といえます。

買収候補先企業の役員になろう!

はたして、素人《しろうと》にそんなことができるものかと不安に思うことでしょう。

私たち投資ファンドでも、デューデリジェンスを行う際は、専門家を活用しています。財務的な部分は公認会計士に、法務的な部分は弁護士に依頼しているのです。事業規模の大きい企業の買収であれば、事業デューデリジェンスそのものを戦略コンサルに依頼することもあります。しかし、あなたがターゲットにするような中小企業に、デューデリジェンス費用を掛けるのはもったいないでしょう。

そこで私がおすすめするのは、ある程度の期間、買収候補先企業で役員として働くということです。

たとえば、現社長とのあいだで、2年後の買収を前提に取締役になるといった契約を交わし、専務取締役として入社します。その際、入社前に、会社の利益水準と連動した買収金額を決めておくことがとても重要です。また、「知らされていなかった重大な瑕疵が発見された場合には、無条件でこの約束を破棄することができる」などと、こちらへの法的拘束力がないことを書き入れておくことも重要です。

そして、その2年間でデューデリジェンスと、社長の引き継ぎを行うのです。従業員や取引先、銀行との関係性の構築、マネジメントの課題の洗い出し、それらの可視化を行います。そこから事業計画を策定します。

専務として2年間も働けば、会社のデューデリジェンスはほぼすべて行うことができるはずです。

この際の約束事として、会社の会計を見ている顧問税理士、顧問弁護士を自分が指名する人に代えてもらえば、より効果的です。社長と長年の付き合いがある顧問は、社長と運命共同体で顧問を務めてきていますから、社長が隠していること（ブラックボックス）を表には出しませんし、社長自体が把握していない財務や法務の問題があったりもします。

そして、新しい顧問税理士は、デューデリジェンスが専門で公認会計士のライセンスを持っている人にしましょう。弁護士も、デューデリジェンスを得意とする大手法律事務所から独立したような方が値段もリーズナブルでいいでしょう。

こうすれば、数百万円の持ち出しをすることなく、会社の必要経費としてデューデリジェンスを行うことができます。相手の社長の側も、会社を売ることを前提に考えているわけですから、新しい顧問を拒否する理由はありません。

前社長と二人三脚の企業改革を

このやり方には、ほかにも大きなメリットがあります。現社長が在職し、責任を取ってくれている間に、改革を断行できる点です。

外から来た人間（あなた）が、ある日突然、社長になると、社員はみな警戒心MAXになります。信頼関係のない状態でいきなり改革を断行し、従業員からの合意形成を得るのは相当ハードルが高いです。表面的には従ったとしても、本質的には動いてくれません。当然、改革は思うように進まない可能性があります。

「この新社長はまったくわかっていない。ついていけない」と辞めてしまうリスクもあります。

私たち投資ファンドは、企業買収を行った後、組織全体との信頼関係の構築を最優先に行います。これには半年や1年以上の時間がかかることもあります。赤字企業の再生などは改革を受け入れざるを得ませんから、進めるスピードは速いといえます。しかし、それなりにちゃんと回っている会社であれば、信頼関係ができあがり、改革のポイントを従業員のみなさんに納得してもらった段階からそれぞれの改革を行っていかなければいけません。

あなたが会社を買って、最初から社長に就任する場合、こうした従業員との信頼関係の構築は、もっとも気をつけないといけない部分で、かつ難易度の高いものとなります。

しかし、現社長が在職のままで、新しく外から連れてきた専務（あなた）の立場で改革を進めるのであればどうでしょう。従業員の印象はすこし変わります。

外部から来た人間には、警戒心とともに期待も持つものです。しかも、社員たちが信頼する社長が見込んだ人なのです。あなたがもし名の知れた大企業の社員だったとすれば、むしろ期待のほうが大きくなるかもしれません。

仮に、専務としてあなたが行う改革に対して従業員が反発を感じることがあったとしても、それが「現社長の特命」ということであれば、あなたに不満が集中しません。

改革に関して社員が現社長に文句を言ったとしても、そこで現社長が、「今、わが社は変わらないといけないんだ。専務（あなたのこと）に私から改革をお願いしている。今は辛抱して、専務を信じて頑張って欲しい」などとなだめてくれれば、従業員の気持ちも収まるはずです。そのように社長と話を〝握って〟おくことも、非常に重要です。

そうして専務としての2年間で改革の成果が出てきて、あなたが社員たちからの信任を得ることができれば、あなたが新社長に就任する際には社員たちは喜んで迎えてくれることでしょう。

このとき、M&Aにおいてもっとも難しいとされる、PMI（Post Merger Integration：M&A後の統合作業）は、すでに終わったも同然です。

M&Aでは、企業文化の違う2社が合併したりして、社内で仕組みの統合がうまくいかなかったり、不和が生じたりすることで、想定していたような合併効果が得られないことがよくあります。そこで重要視されているのが、このＰＭＩです。個人による中小企業買収、すなわち個人Ｍ＆Ａにおいても、考え方は同じです。

社員が新社長を拒絶して心理的に受け入れないことによって、改革が進まず、生産性が下がり、人が減ったりして、業績が低迷してしまうことはありえます。

そこで、まずは専務として現社長と二人三脚で協力しながら、デューデリジェンスと改革、事業計画の策定、ＰＭＩを終えてしまうことをおすすめします。そうすれば、最終的な個人Ｍ＆Ａはぐっと成功に近づきます。

「取引先を買う」という奥の手

ここまで読み進めた勘のいい人は、こんなふうに思ったのではないでしょうか。

「ならば、上場企業である自分の会社と、ふだん取引があって気心の知れた関係にある会社を買うのがいちばんいいのではないか？」と。

その通りです。

さきほど私は、「売り案件」を見つける方法として、Ｍ＆Ａ仲介会社のＭ＆Ａマッチング情報サイトや、事業引継ぎ支援センターの紹介をしました。確かにそれを利用してもいいのですが、実際に会社を買ううえでベストなのはやはり、

「自分が知っている会社の社長から会社を買うこと」

だと思っています。

自分の会社の下請け企業などの取引先であれば、その会社が業界でどのようなポジションにあって、どれほどの技術力を持ち、どんな社風で、経営状態はどうなのかといったことが、おおよそわかるはずです。内情をよく知っているなら、新しい会社に移った後の改革の計画も立てやすくなります。

相手も、以前から素性をよく知る相手が社長に就任するならば不安感も少ないでしょう。むしろ万歳三唱、三顧《さんこ》の礼《れい》で迎え入れられる可能性もあります。

あなたの会社が大企業だったとしたら、すでに優良企業を顧客や取引先に持っていることがメリットとして明確です。個人M&Aを実行した後も、それらの企業はあなたの新しい会社の顧客や取引先候補になります。

大企業の社員というポジションをうまく利用し、所属会社に対して利益相反がない範囲で、取引先企業に利益誘導をしてから買うというやり方をすれば、有利な取引を実現できる可能性が上がります。

一つの方法としておすすめなのが、大企業に勤務しているうちに、勤務先にもメリットがある形で買収対象となる会社を優遇し、業績をよくしてあげてからそこの社長になる、というやり方です。

たとえば、大手印刷会社Sの社員であるあなたは、Aという下請けの印刷会社の個人買収を検討しているとします。そのときあなたの会社は、A、B、Cという3つの下請けの印刷会社を使っていて、Aに30％、Bに40％、Cに30％の仕事を分散して発注していたとします。

印刷業界は全体的に仕事の量が減っているため、工場の稼働率は3社とも落ちていて、A社とC社は赤字に陥《おちい》っており、B社はトントンだったとします。とくにA社とC社は稼働率が50％程度にまで落ち込み、機械と人が、〝遊んで〟いるという、製造業ではもっとも好まれざる状態になっています。

そこであなたは、発注元であるS社の担当者として発注先を見直し、C社の契約を打ち切り、C社の仕事をそっくりまるごとA社に回します。するとA社の稼働率が100％に近くなって一気に黒字転換します。その実績を手土産に、A社をあなたが個人買収すればいいのです。S社からA社に、社長として〝天下り〟するようなものです。

そのことによってC社は倒産してしまうかもしれません。非情に思えるかもしれませんが、斜《しゃ》陽《よう》産業においては、それも仕方のないことです。このままいけば、A社もC社も倒産してしまったかもしれないのですから。

民間企業は公共事業ではなく、営利事業です。経営状況に応じて外注先を整理するのは当たり前のことです。中途半端な温情をかけて、突然C社が倒産してしまえば、S社の業務に影響を及ぼすこともありえます。S社にも必要な発注先の見直しであり、個人的な買収の意向を事前にS社にも説明しておけば、なんら問題ありません。

そもそも、こうしたケースにおいて、かつて3社に分散して発注していたのは、印刷会社がどこもフル稼働している状況だったためであることが多いでしょう。需要が減ったため、発注先を整理して管理コストを減らすというのは、ビジネスにおいては当然のことです。さらには、そうした仕事の発注と引き換えに、稼働率の上がったA社において印刷費を多少なりともディスカウントすることができれば、発注元であるS社にとっても大きなメリットです。

古巣を巻き込む上手な企業買収

とはいえ、S社とA社には何の資本関係もありません。あなたが将来、A社の社長になったとしても、S社はゆくゆくはA社に発注している仕事を引き上げ、B社に回す可能性もあります。あるいは、新たに取引のないD社に転注する可能性も考えられます。

それを防ぐにはどうしたらいいでしょう。

あなたがA社を買収する際に、S社に共同出資を持ち掛け、A社の資本の一部をS社に持ってもらうのです。あなたとS社との関係が悪くなく、お互いにメリットになれば、話はスムーズに進むはずです。

この人材難の時代において、大企業といえども、能力がある人を失うのは痛手です。とくに、経験を重ね脂の乗り切ったマネジメント層は、転職市場でもヘッドハンティングが活発です。あなたの勤務する会社の事業に関係する会社であれば、あなたとの関係を重視し、人材流出を止める意味でも、出資してくれることは十分ありえます。

あなたがA社の筆頭株主になる分の株式を購入し、同時にS社にも株式を持ってもらうのですが、S社の株式持分が20％を超えれば、A社はS社の「関連会社」となります。C社への発注をA社に回すことでA社が黒字化することが明確であれば、S社も株主として配当や株式価値の向上などでメリットが出ます。そうなれば、S社はA社への発注を簡単に切る理由がなくなってきます。

また、あなたがA社の株式を買収するための資金が、自己資金では足りないとしましょう。その際、もっとも標準的な方法としては銀行からの借り入れが考えられますが、その資金もS社に立て替えてもらうという手法があります。

少しテクニカルな話をします。

先ほどはA社が赤字だという前提で話をしていましたが、そうではなく、ここでは仮にA社が毎年、1億円の黒字を出している企業だとします。

そのA社の社長が会社を「5億円（営業利益1億円の5倍）で売却したい」と言ったとします。あなたは、その会社の業績も将来性も申し分ないため、5億円でも安いと感じ、買収したいと考えました。しかし自己資金では、5億円もの大金はとても用意できません。

そこでS社に、50：50で共同出資の買収話を持ち掛けます。普通であれば、2億5０００万円ずつ出資するという話です。

しかしあなたは、個人では2億5０００万円も用意できません。そこでS社に一度、5億円全額を出して１００％株主になってもらい、報酬として毎年10％ずつ、5年間で50％の株式を譲ってもらうという契約を持ち掛けます。

さらに、あなたが社長になってから上積みされる分の利益は、S社とあなたで折半しようと持ち掛けます（S社に優先配当）。

これはいったい、どういうことでしょうか。

前述したように、C社への発注をA社に回すことで、A社の利益は1億円アップされ、2億円になることが確実だとします。

A社買収のイメージ

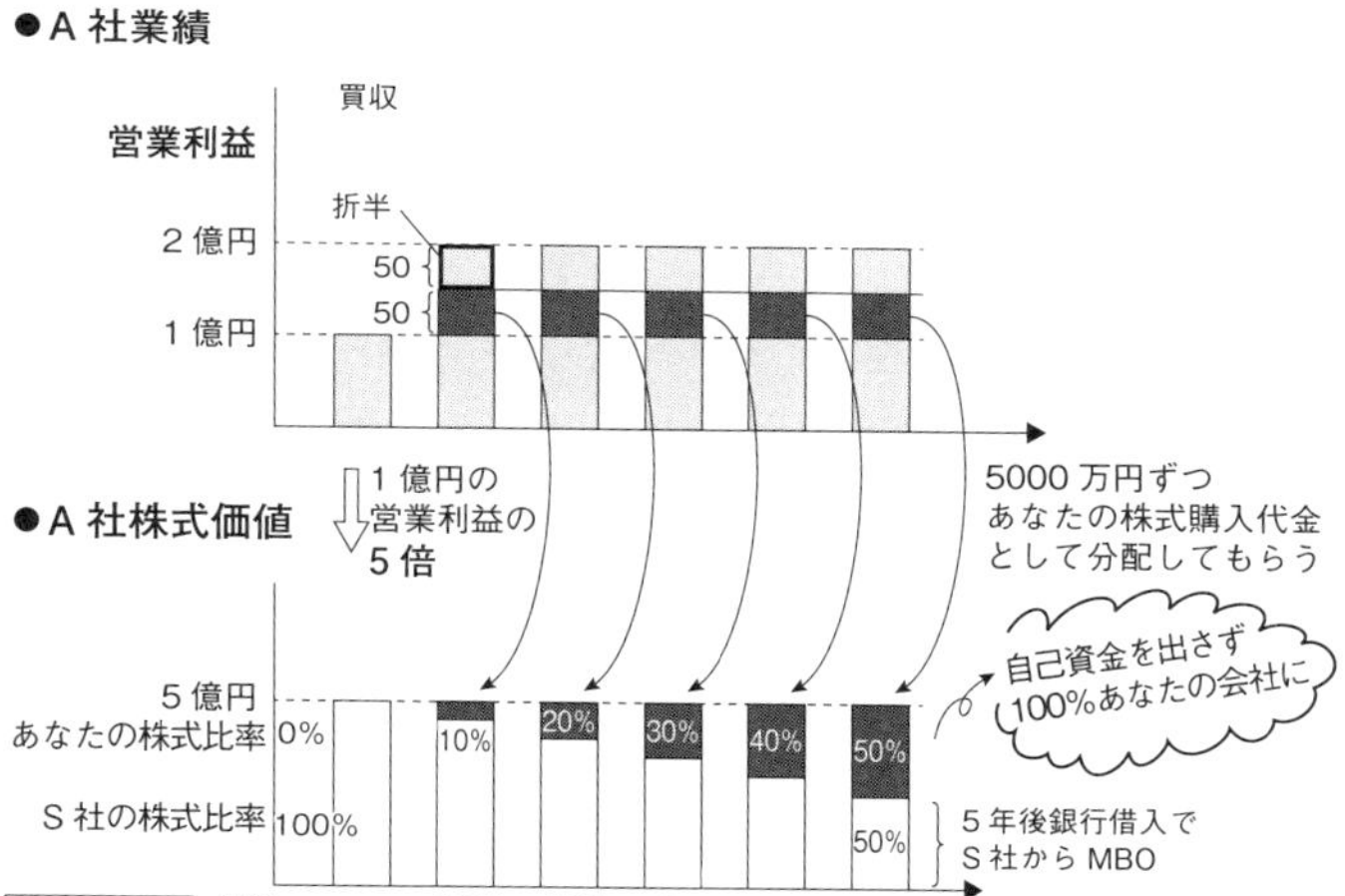

あなたの収入							
報酬	10M	10M	10M	10M	10M	= 5000 万円
配当	10M	20M	30M	40M	50M	= 1 億 5000 万円
キャピタルゲイン					250M	= 2 億 5000 万円

（単位：M＝百万円）

計 4 億 5000 万円

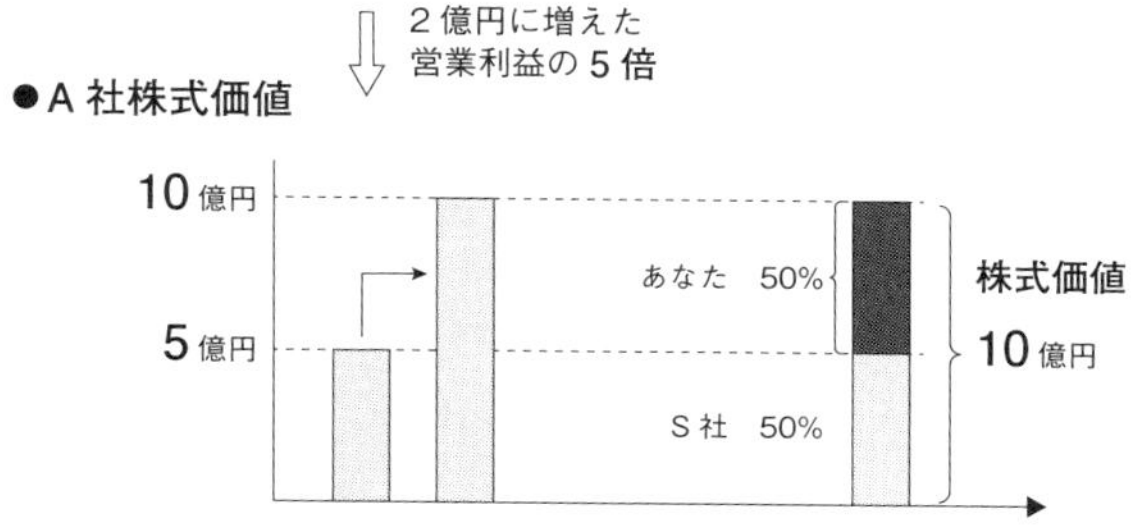

あなたの収入		
報酬		= 5000 万円
配当		= 1 億 5000 万円
キャピタルゲイン	500M	= 5 億円

（単位：M＝百万円）

計 7 億円

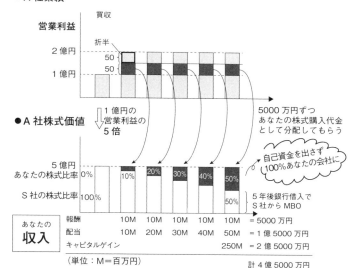

その上積み分の1億円は、あなたが本件を仕掛けたことによって生み出された利益です。その利益をしっかりと管理し、継続させていくことをS社にコミットすれば、あなたがA社をマネジメントすることは、A社の親会社となるS社にとって重要なこととなります。

そして、この1億円を「S社とA社（あなた）とで5年間、折半しませんか」と持ち掛けるのです。利益は全額、配当金に回すので、想定通りに毎年2億円の利益を出せたとすると、「そのうち5000万円を自分の報酬（株式の購入代金）として分配してくれ」という交渉をします。そして、5年の段階を経て、A社の株式の50％をシェアしていきます（計算が複雑になるので税金の計算は考慮していません）。

ずいぶんと自分に都合のいい、ありえない交渉のように感じられるかもしれません。そんな話をS社が受け入れるはずがないと感じませんか。

しかし、この試算が本当だとしたら、おそらくS社はこの提案を受け入れるでしょう。なぜなら、S社にとってこんなに「美味しい投資話」はないからです。

S社はA社に5億円出資することで、あなたに5000万円の報酬を払っても、毎年利益を配当として得て、5年間で6億円を手にします。4年目には投資額5億円をすべて回収している計算です。

そのうえで、5億円出資した株式のうち5年で半分の2億5０００万円分の株式をあなたに譲渡しても、2億5０００万円分の株式がS社の手元に残ります。これを他社に売却することで、S社はキャピタルゲインも得ることになります。

ところでこの試算には〝間違い〟があります。

通常、会社の営業利益が1億円から2億円に上がると、会社の株価は上がるからです。営業利益が1億円から2億円に、2倍に上がるのですから、単純計算で株価は2倍になると考えてよいでしょう。

そうなるとS社が5億円で買ったA社の株の総額は10億円（営業利益2億円の5倍）になり、S社はその半分をあなたに譲っても、残った株を5億円で売れることになります。つまり、S社はこの5年間で、配当が6億円、株式50％の売却が5億円の計11億円を得ます。

しかも、あなたが優秀であれば、S社は5億円を投資するだけで、経営はまるっきり任せておくことができます。

S社にとっては、何もしないで5億円が5年で2倍以上になるのですから、美味しい儲《もう》け話です。

個人でもできるＭＢＯのすすめ

さて、約束通り5年後に株式の50％を手に入れたあなたの手元には、いくら残るのでしょうか。５０００万円×5年分の株式2億５０００万円分。この金額は、社長の役員報酬１０００万円とは別に、です。株価が2倍になったとすると、２・5億円の株式価値が5億円分の株式価値になりますから、潜在的には２・5億円の資産も生み出したことになります。

さらに続きがあります。5年後のこのタイミングで、「S社が保有する50％の株式を買いたい」と持ち掛けるのです。5年間もの経営実績があれば、銀行も企業買収のローンをつけてくれます（銀行のローンで買う話の詳細は後述します）。

これをＭＢＯ（Management Buyout：経営者等による企業買収）といいます。

自分が保有する5億円の株式と買い取る株式を担保に、銀行から5億円を借り入れ、S社の保有する5億円分の株式を買い取ってしまうのです。銀行借り入れ5億円は、将来の利益で返済すればいいのです。

これで買収は完結しました。あなたはいっさい自己資金を出さずに、10億円分の株式を手に入れることができました。

会社の利益は毎年2億円出ているので、株を担保に借り入れたローンは、およそ3年で返済できてしまいます。4年目、つまり、あなたが会社経営を始めてから9年目から毎年、2億円の配当が受け取れるのです。まさに錬金術です。

実際には、利益に対する法人税や、借り入れに対する銀行の金利や返済条件、与信枠、株式価値の変動やS社との取引内容の条件などがありますから、仮の数値計算がそのまま当てはまることはありません。しかし、今回はイメージしやすいようにあえて考慮しない計算にしただけであり、概念そのものは間違っていません。

LBOでキャピタルゲインを狙う

序章で、会社を買うことで「あちら側の人間（資本家）」を目指そう、とお伝えしました。**「箱」**を自分で保有することで、誰からも管理されることのないオーナー社長として、自分のやりたい経営を進め、報酬や経費は自由に決めることができ、配当収入を得られることが理解いただけたと思います。

そして、最大のメリットは「箱」自体を売却して得られる**「キャピタルゲイン」**です。

あなたが会社の買収を完了し、報酬や配当をもらいながら経営する中で、会社の業績がさらに良くなれば、当然、その分、会社の価値も上がります。

上場企業であれば、株式は毎日株式市場で売買され、業績のいい会社は日々、株価が上がっていきます。未上場企業でも、売買する際は同じことが起こります。財務状況が良い会社は当然、売却の際により高い価格で売れるのです。


先に述べたように、大企業に勤めているあなたが、まともなマネジメントができていない中小企業を買収し、適切なマネジメントを導入すれば、それだけで経営は劇的に良くなる可能性が十分にあります。逆に、経営にテコを入れようがないぐらい優良経営の会社は、すでに会社の株式価値も高く、付加価値を生むことができないので、あまり食指が動かない会社です。

いちばん良いのは、事業内容や技術は優れているのに、経営のやり方が悪くて若干の赤字かトントンになっている会社に、まともなマネジメント手法を導入して黒字に変えることです。

営業利益率2％の会社を8ポイント改善して利益率10％にするよりも、赤字で利益率マイナス3％の会社を8ポイント改善して利益率5％にするほうが、難易度が下がるうえに会社の価値向上に対するインパクトも大きくなります。

赤字企業は「買いたい」と思う人がそもそも少ないですから、株式売却時の価格も上がりません（ということは、安価で買えるということでもあります）。一方で、黒字になった瞬間に、何十倍もの買い手が現れ、売却価格の目線が一気に上がります。

ここに、会社売却の一つの閾値《しきいち》が存在します。

加えていうと、中小企業のM&A業界においては、営業利益1億円にもう一つの閾値が存在します。営業利益が1億円出るということは、企業継続という観点で相応の安定性を評価することができますから、「純資産＋営業利益の３年分から５年分」という企業価値の評価軸が「５年以上」にシフトしていきます。

しかし、やはり赤字の会社は怖いものです。「できれば黒字の会社を買いたい」と考えるのが普通の感覚でしょう。

安全性を重視するなら、営業利益率２％の会社を買って10年経営し、８％にすることができるだけでも、大きなキャピタルゲインを得られます。営業利益率８％の会社というのは、まぎれもなく優良企業です。買い手には困らないでしょう。

しかし黒字で、ある程度の規模の会社を買いたいと考えるならば、先ほどの印刷会社A社の事例のように、自己資金だけでは足りなくなるでしょう。

もしあなたが、純資産がゼロで売上高1億円、営業利益２００万円（営業利益率２％）の会社を買収しようとすると、私たち投資ファンドが指標としている基準に照らせば、その適正価格は

600万円から1000万円です。このくらいであればターゲットになりそうです。

一方で、もし売上高20億円、営業利益4000万円（営業利益率2％）の会社を買収しようとすれば、1億2000万円から2億円が適正価格だと考えられます。

こうなると、個人にはちょっと厳しいですね。


そこで、先ほどのように他社に共同出資を持ち掛けるスキームを使わなくても、最初から銀行の融資を利用してそうした会社を買う投資方法があります。

じつは、一定の利益が出ている会社は、借り入れを組み合わせて購入することで、売買益がより大きくなります。なぜなら、毎年の利益から借り入れを返していけるからです。

わかりやすく、先ほどのA社の買収ケースに戻しましょう。A社はもともと、営業利益が1億円出ており、5億円が買収価格となりました。これを単純に、1億円を自己資金で、4億円を銀行から借り入れて購入したとします。この会社を4年間経営した後、売却したとしましょう。先ほどは営業利益が2倍になる前提でしたが、ここでは、業績が完全に横這いであるとしましょう。すると5年後の売却額は同じ、5億円です。

銀行から借り入れた4億円は、負債として計上されるので、返済していかなくてはなりませんが、これを毎年の1億円の利益で返済していきます。すると、５年目には４億円の借り入れをすべて返せてしまいます。

つまりこの時点で、あなたは借り入れのない１００％株主です。あなたが５年前に出した自己資金は1億円ですが、ここで会社を売却すると、５億円はすべて自分の懐《ふところ》に入ります。５年程度、横這いの経営をしていただけで、1億円が５億円に化けるのです。

さらに、経営改善に成功し、５年後にもし営業利益を１・５倍の１億５０００万円にすることができれば、株式価値は営業利益の５倍として、１億円の自己資金が株式価値で７・５億円になります。営業利益を２億円にできれば、株式価値で10億円に化けます。

これは投資ファンドが得意とする、LBO（レバレッジド・バイアウト）という手法です。前述のMBOも、このLBOの一つの形態です。

LBOは少し上級編の投資方法なので、概念を理解してもらえれば結構です。ただ、この概念をわかっていれば、話が早い。会社を買うための資金の出し手が、自分だけではなく、銀行などの金融機関や自分の勤務先、取引先や知人・友人など、その事業を取り巻く人たちにもメリットをもたらすことができれば、なんらかの形で資金を捻出できることに気づくでしょう。

もし経営に失敗してしまったら？

ここまで、会社売買の「いい話」ばかりしてきました。しかし、「もし経営に失敗してしまったら……」という恐怖心もあるはずです。

会社というものは、いい経営をしていても、潰《つぶ》れるときには潰れます。会社が倒産した場合、投資した資金が戻ってこないのは仕方がないとしても、貯金や自宅などの財産がすべて没収されてしまうようであれば、生きていけません。そのようなリスクはとても負えないと考えるのが普通でしょう。

中小企業が銀行から融資を受けるためには、社長が連帯保証人となり、会社が倒産したら社長に返済義務があると、みなさん思っているのではないでしょうか。また、会社を引き継ぐ際に、負債の個人保証を差し入れないといけないと思っているでしょう。

事実、これまでの日本はそうでした。現在の中小企業の経営者の多くも融資に対して個人保証をしています。

しかし今なら、会社は「無担保無保証」で買えます。

近年、国の要請のもと、日本商工会議所と一般社団法人全国銀行協会によって、「経営者保証に関するガイドライン」が策定され、「法人と個人が明確に分離されている場合などに、経営者の個人保証を求めないこと」と示されました。

これにより、新規の融資の際に個人保証をつけない方針が示されるとともに、事業承継時においては、経営者保証が解除されるように指導されることになったのです。そうでなければ親族外への事業承継は進まず、中小企業の倒産が増え続けるからです（諸条件や銀行によっては、まだそこまで徹底されていないという問題も存在はしていますが）。

つまり、M&A（会社売買）のリスクは、基本的に「株式取得に必要な買収資金のみ」になったのです。

その買収資金についても、財務状況によっては社長の個人保証なしに法人（会社）が銀行から借りることが可能なため、さらにリスクを限定することができるようになりました。

また、2016年4月には、中小企業の事業承継を促進するための「**経営承継円滑化法**」が施行されました。政策金融公庫の融資や保証協会の特例措置などが受けやすくなり、親族以外の事業承継もしやすくなりました。

制度の面からも、個人M&Aに追い風が吹いているといえるのです。

「何もしない」というリスク

本書で見てきたように、あなたが「**会社を買う**」ための環境は年々整ってきています。個人で会社を購入し、社長になるということは、もはや夢物語ではありません。

もちろん、中には買ってはいけない「危ない会社」もあります。あるいは、タチの悪い仲介会社が、あなたを騙《だま》そうとするかもしれません。そういう人たちが存在していることは否定できません。

また、会社を経営することがどれだけたいへんかは、みなさんの想像するとおりです。経営者になるにあたって、資質や資金的な余裕は必要でしょう。そのようなトラブルや注意点は、また機会があれば詳しくご紹介したいと思います。

本書では、個人M&Aという考え方を世に広めるために、金銭的な側面を前面に押し出した内容になりました。しかし、会社経営は生き物です。継続していくには、これまで記したノウハウだけでは足りません。なにより、経営者の情熱が必要です。

直近では、リーマンショックや東日本大震災など、経済のマクロ環境の変化で多くの企業経営が悪化した時期がありました。こうした経営の危機に直面した際も、チームを支えるのはオーナー社長の情熱しかありません。

企業経営には、確かにリスクはあります。しかしながら、これからの日本社会では、「何もしないでいること」も人生を危機に晒《さら》す一つのリスクになるのです。そうした社会環境の中で、万人に向いているわけではなくとも、「会社の購入が、サラリーマンの新しいビジネスキャリアになったり、退職後の選択肢の一つである」ことを多くの方に知っていただき、実践に移していって欲しいと願っています。

あなたのそうしたチャレンジが、日本でどんどん潰れようとしている優良な中小企業を救うことにもつながるのですから。

企画協力
阪上大葉（現代ビジネス）
嶺 竜一
村上 誠

三戸政和
株式会社日本創生投資代表取締役CEO。1978年兵庫県生まれ。同志社大学卒業後、2005年ソフトバンク・インベストメント（現SBIインベストメント）入社。ベンチャーキャピタリストとして日本やシンガポール、インドのファンドを担当し、ベンチャー投資や投資先にてM&A戦略、株式公開支援などを行う。2011年兵庫県議会議員に当選し、行政改革を推進。2014年地元の加古川市長選挙に出馬するも落選。2016年日本創生投資を投資予算30億円で創設し、中小企業に対する事業再生・事業承継に関するバイアウト投資を行っている。また、事業再生支援を行う株式会社中小事業活性の代表取締役副社長を務め、コンサルティング業務も行っている。Twitterアカウントは「@310JPN」。

講談社＋α《プラスアルファ》新書　789-1 C
サラリーマンは300万円《まんえん》で小《ちい》さな会社《かいしゃ》を買《か》いなさい
人生100年時代の個人M&A入門
三戸《みと》政和《まさかず》
2018年 4 月19日第 1 刷発行
2023年10月 3 日第29刷発行

発行者――髙橋明男
発行所――株式会社 講談社
東京都文京区音羽2-12-21 〒112-8001
電話 編集(03)5395-3522
販売(03)5395-4415
業務(03)5395-3615

帯写真――田口沙織
デザイン――鈴木成一デザイン室
カバー印刷――共同印刷株式会社
印刷――株式会社新藤慶昌堂
製本――牧製本印刷株式会社
本文データ制作――講談社デジタル製作
本文図版――朝日メディアインターナショナル株式会社

KODANSHA

ISBN978-4-06-291518-2